ヒマラヤに学校をつくる

カネなしコネなしの僕と、見捨てられた子どもたちの挑戦

吉岡大祐

旬報社

プロローグ

その老人は足が悪いにもかかわらず、遠い山の上から歩いて3日もかけて僕の治療室を訪ねて来てくれた。こんどは僕が彼の暮らす村に行って治療をする番だ。白銀に輝くヒマラヤを折々に遠望《えんぼう》しながら、深くえぐられた山道を縫《ぬ》うように歩き、ひとり、へき地の小さな村にたどり着く。そこには日本のあわただしい時間とは明らかに異なる、もうひとつのゆったりとした時間が流れていた。

村の広場に三々五々、村人が集まってきた。
彼らの生活はとても貧しい。にもかかわらず、誰ひとりとして不遇《ふぐう》をかこつこともあわてることもない。ただ、ゆるやかに流れる時間に身をまかせるようにのんびりと穏やかに暮らしている。彼らのまなざしには苦難を生き、捨て身の強さを得た人間だけが持つ優しさがあふれているように思える。

日本では忙しいことが奨励《しょうれい》され、何もしない時間は反省材料となる。ヒマは心身をむしばむとさえ言われ、世間の価値観や損得に縛《しば》られて絶えずあくせくしている。はたしてそれが本当に正しいことなのだろうか？

ゆるやかに流れる時に身をまかせ、のんびりと生きる人々と接するうち、僕はそんな疑問を持つようになっていた。同時に、ネパールに渡ってから、いつの間にか日本人の価値観を押し付けようと些事《さじ》にこだわり、腹を立てていたそれまでの自分をとても恥ずかしく思った。

ネパールの人々の口グセは、どんなことだって「ノープロブレム」。たしかに、人はそれで十分生きていけるのだ。

治療を終えて夜空を眺めると、ネパールの星がとても大きいことに気づいた。ひとつひとつが輪郭《りんかく》まではっきり見える。そこには、単に標高が高いからとか空気が乾燥しているからという理由だけでは説明できない何かがありそうだ。

インドやネパールで星占術が発達し、人々の生活に深く食い込んでいる理由が分かる気がした。人間同士の約束よりも星占術師のご宣託《せんたく》に従うこともうなずける。

三億三千の神々と種々雑多な人々が同居するヒマラヤの国ネパール。何もかもが日本と違う、およそ効率とは無縁の屋上屋《おくじょうおく》を重ねる無駄にあふれた社会が不思議と愛おしく思えてくる。

いつの間にか、僕はこの国の多様な魅力にとりつかれていた――。

［目次］

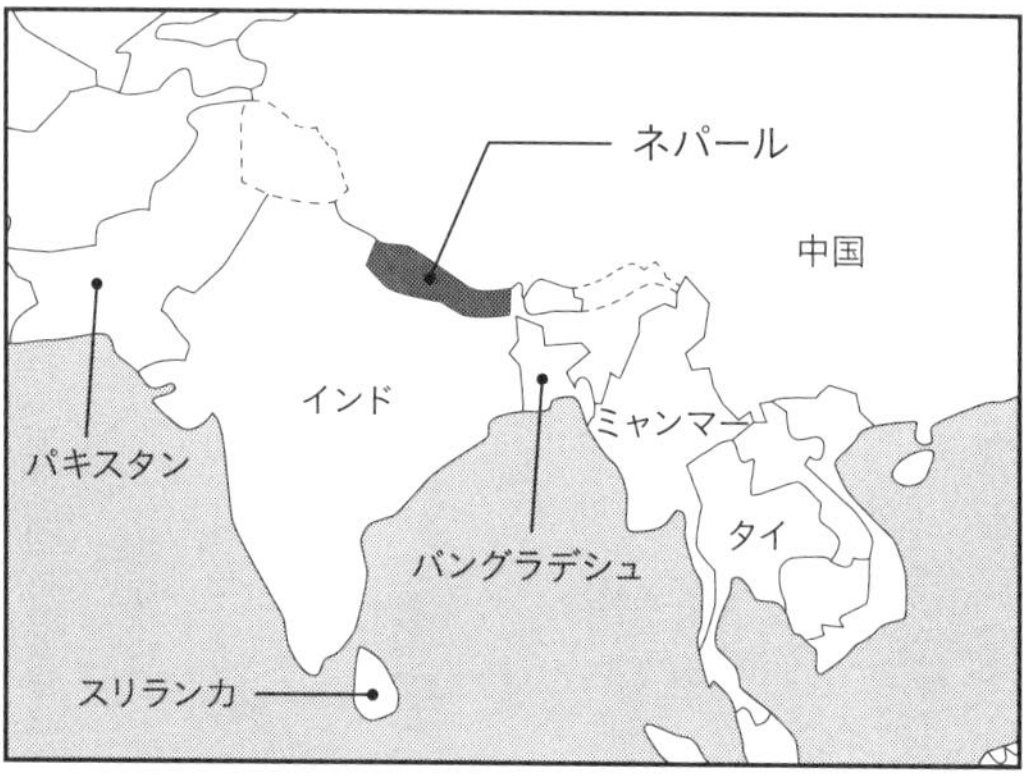
ネパール
中国
インド
パキスタン
ミャンマー
タイ
バングラデシュ
スリランカ

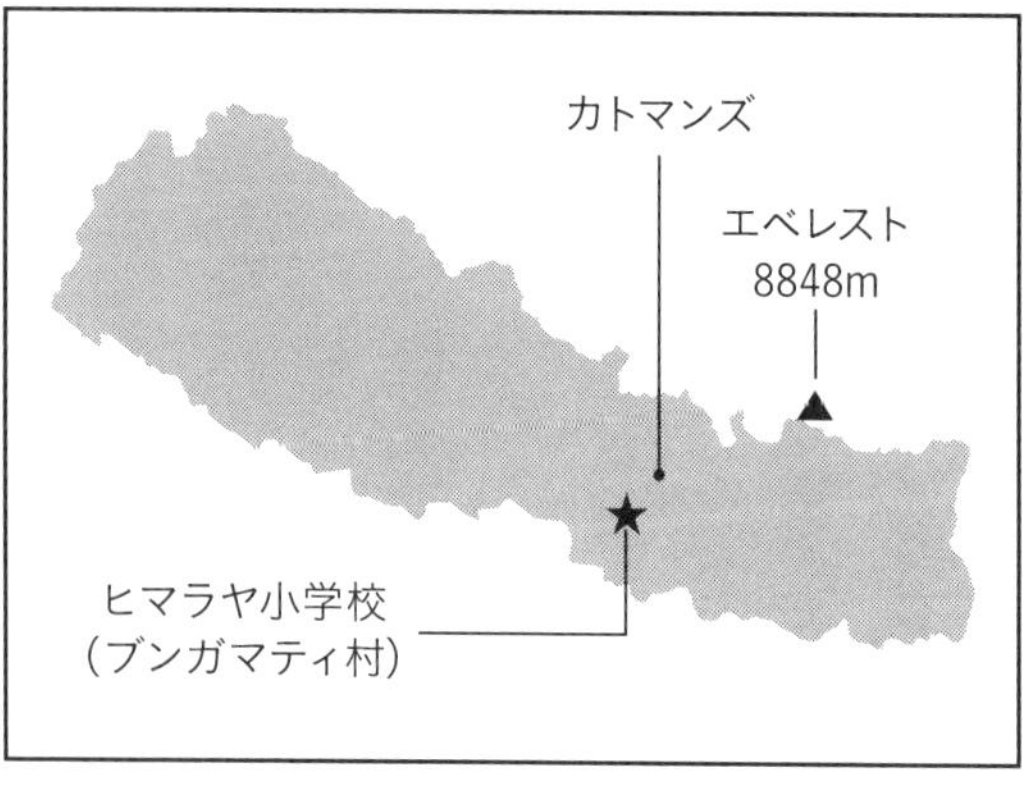
カトマンズ
エベレスト
8848m
ヒマラヤ小学校
（ブンガマティ村）

第1章

旅立ち

なぜネパール？

関西空港を飛び立ったロイヤルネパール航空のボーイング757型機はバングラデッシュ上空で大きく旋回《せんかい》すると、徐々《じょじょ》に高度を落としながら着陸態勢に入った。

飛行機の窓からは日干しレンガでつくられた小さな家が、まるでおとぎ話の世界のように並んでいる様子がはっきりと見えた。

夕日に照らされ真っ赤に染まっていく街並み。かまどに薪《まき》をくべる音や子どもたちの童歌《わらべうた》など、人々の素朴な生活の音が今にも聞こえてくるような気がした。

僕は1998年、日本の鍼灸師《しんきゅうし》国家試験を終えた後、ネパールへ向け旅立った。

特別な目的や志を持っている訳ではなく、ただ「外国で暮らしたい」という少年時代からの夢の第一歩を踏み出すために機上の人となった。

正直、日本から離れられるなら行き先はどこでもよかった。「縁」という不思議な力で引き寄せられたのが、たまたまヒマラヤの国ネパールだった。

ネパールは中国とインドという2つの巨大な国に挟まれた南アジアの小さな国だ。北海道を2つ合わせたくらいの小さな国土に約3000万人の人々が暮らす農業国であり、釈迦《しゃか》の生誕地であるルンビニや、エベレストをはじめとする雄大なヒマラヤ山脈など自然、歴史、文化の豊かな国としても知られている。

ネパールの特徴は何といっても多様性にある。小さな国土に文化や習慣、言語の異なる数多くの民族が渦《うず》をなして生きる多民族国家であり、南北わずか百数十キロメートルの幅の中に海抜100メートルに満たない平野から8000メートルを超える峰々が展開するなど、その中身は日本人の僕たちが想像もつかないほど多様性に富んでいる。

そこで暮らす人々はというと、とにかく何事もあわてない、一言でいえば悠長《ゆうちょう》な性格だ。「みんなノンビリしていて、走った人を見たことがない」とか「雨が降ったらやむまで待つ」という話も、あながち間違いではない。1年の日数よりもお祭りが多く、人間よりも神様のほうが多いなど、呑気《のんき》な話を数え上げればきりがない。

そんなネパールで長年、無償《むしょう》の鍼《はり》治療をおこないながら小学校を運営していると話すと、必ず聞かれるのが、「なぜネパールに？」「なぜ鍼灸師が教育支援をしているの？」、そして「どうやって生活しているの？」という3つの質問だ。

鍼灸師の僕が日本から遠く離れた、しかも世界で最も貧しい国のひとつと言われるネパールで暮らし、大きなお世話といえなくもない活動を性懲《しょうこ》りもなく続けているのか。

この質問に答えるには、まず僕の子どもの頃の話から始めようと思う。

小さな探検家

僕は夫唱婦随《ふしょうふずい》を地で行く両親のもと、3人兄弟の末っ子として四国の松山で育った。司法書士をしていた父は若い頃に世界各地をまわったそうで、学校から帰って来ると、父が旅先で知り合った外国人が家にいた、なんてことも年中だった。

父はずいぶん変わり者で、小さい頃から「勉強なんてしなくていい。子どもはしっかり遊べ」と言っていた。家に帰って宿題をしようとすると、「先生の言うことを聞いていたら偉い人になってしまうぞ」なんてこともよく言われた。そんな父親の教えを真っすぐ素直に受け止めた僕は、勉強なんて一切せず、遊んでばかりの少年時代を過ごした。母もまた「元気に遊んでおいで」と言うだけだった。

教育にはまったく無関心の両親だったが、時間をつくってはいろんな場所へ連れて行ってくれた。先週、九州へ行ったかと思うと、今週は大阪、その次は奄美大島……それも観光地ばかりでなく、ドヤ街などコアなところも。そんな感じで、よく学校をズル休みしては旅行に出かけていた。


「探検に行って、何か見つけてこい」

どこかへ出かけると、父は必ずこう言ってきた。知らぬ町をウロウロして、何か面白いものを発見してこいというのだ。いわば探検という名の「自由行動」だ。

探検の決まりごとは3つ。決められた時間までに必ず帰ること、小遣いを失くさない（使ってもいいが、落としたり、盗られたりしない）こと、親に迷惑をかけないこと。それ以外は何をしても自由だった。

兄弟はあまり興味がなかったようだが、僕は「探検」という言葉の響きがとても好きで、父から「探検に行ってこい」と言われることがとにかくうれしくて、小さな探検家になったつもりで、いつも胸を躍《おど》らせながら知らない町をひとり歩きまわっていた。

宿泊先に戻り、探検で発見したことを父に報告すると、父は大きくうなずいて「お前はもう親を超えたぞ」なんてほめてくれるのだ。そうなると余計うれしくて、もっと面白いものを発見してやろうと思い、どんどん「探検」に夢中になっていった。


そんな僕の一生を決定づける出来事が起こったのは、小学校3年生のアメリカ旅行だった。父をのぞいて、家族にとっては初めての外国旅行。アメリカへ行くといっても、当時8歳だった僕が知っていることといえば、星条旗や図書室で読んだベイ・ブルースの『約束のホームラン』くらいだった。

正直、アメリカへ行くことよりも、また探検に行けるという喜びのほうが大きくて、旅立ちの日を指折り数えていたことを鮮明に覚えている。

人生を決めた「オレンジジジュース」

アメリカへ旅立った僕たち家族は、サンフランシスコを経由してロサンゼルスに到着した。

入国手続きを終えてホテルに着くと、父がまた「探検に行ってこい」と言った。

さすがに外国ということで心配したのだろう。いつもは「元気に行っておいで」と言うだけの母が止めようとしたが、父は「悪い奴《やつ》がいたら50ドル札をなげてジグザグに走って逃げてこい」と言って、いつも通り探検に送り出したのだった。

僕はというと、ただただ探検に出かけることがうれしいばかりで、怖いとか不安ということはまったくなかった。当時8歳だからまさに怖いモノ知らず。意気揚々《いきようよう》と探検に出かけた。


ひとりロサンゼルスの町に出ると、どこにも日本語が見当たらない別世界に不思議な感覚を覚えつつ、何もかもが日本と違う、スケールの大きな人やモノたちに眼球が飛び出るような衝撃を受けた。道端《みちばた》であんぐりと口を開け、足に根が生えたように何度もその場で立ち尽くしたことをよく覚えている。

しばらく探検を続けているうちにすっかりのどが渇《かわ》いた僕は、何か飲みたいと思い、自動販売機を探したがひとつも見当たらない。飲み物が売っていないか辺りをキョロキョロしながら歩いていると、たまたま立ち止まった目の前にオレンジジュースの絵が描かれた看板を見つけた。

「このオレンジジュースが飲みたい！」

そう思った僕は、大きな扉を思いきり押して店の中に入ってみた。

扉の先のカウンターには立派な髭《ひげ》をたくわえた大柄なおじさんが立っていて、入店した僕に気がつくと、微笑《ほほえ》みながら何か話しかけて来た。

おじさんが何を言ったのか当時の僕に分かるはずもない。ただ、おじさんの優しい笑顔から僕を歓迎してくれていることだけはよくわかった。そして、おじさんの笑顔を見てものすごくほっとしたことを覚えている。

肝心《かんじん》のオレンジジュースの注文だが、英語なんてしゃべったことのない僕は、どうすればよいか困ってしまった。

唯一知っている英語といえば、アメリカへ向かう飛行機の中で覚えた「プリーズ」だけ。僕はオレンジジュースの絵が描かれた看板を指差しながら、無我夢中で「オレンジジュース、プリーズ」と叫んでみた。するとお店のおじさんは、にこりと微笑んで親指を立ててくれたのだ。

「あっ、英語が通じた！」

その瞬間、自分と世界がダイレクトにつながっている感覚が全身を駆《か》けめぐり、天にも昇《のぼ》る思いだった。

生まれて初めてしゃべった英語が通じた体験は、小学3年生の僕にはとてつもなく大きな衝撃だった。しかし、感激はそれだけではなかった。

おじさんが出してくれたオレンジジュースは、なんとビールジョッキのような大きなグラスに入っていたのだ。しかも氷がひとつも入っていない。僕は目前に現れた巨大なオレンジジュースに飛び上がるほど驚き、ずっとグラスを見つめていた。

日本のレストランでジュースを頼むと、出て来るのは小さなグラスに氷がたくさん入っていて、何口か飲んだらすぐに終わってしまうのに……。

日本との違いに感激し、すっかり得をした気分になった僕は、その瞬間からアメリカのことが大好きになった。そしてこう決心した。

「大きくなったらアメリカ人になろう」

鍼灸との出会い、恩師の言葉

日本に帰ってからも僕のアメリカへの思いは募《つの》るばかりだった。テレビや映画や音楽など、見るものも聴くものもすべてアメリカのものばかり。実際のところはアメリカやほかのヨーロッパの国々の区別はまったくついていなかったのだが、子どもながらに「グッドモーニング」「ウォータープリーズ」「サンキュー」など覚えた英語を使っては、アメリカ人になったつもりでいた。このまま英語をたくさん覚えれば、いつか本当にアメリカ人になれるのだと本気で信じていた。

その後、中学生になると、僕は友人に誘われ柔道を始めた。

僕は試合に負けてばかりの三流選手だったが、たまたま仲間の中に優秀な選手が数人いたため、数合わせで出場した団体戦で優勝する機会に何度も恵まれた。

優勝するくらいのチームだから、放課後にわざわざ大学へ行って大学生相手に稽古《けいこ》するなどけっこう練習は厳しかった。柔道は楽しいけど稽古は嫌い。典型的な怠《なま》け選手だった僕は、何かにつけ稽古をさぼることばかり考えていた。

中学3年生の頃だったと思うが、柔道仲間が怪我《けが》をしたため町の鍼灸《しんきゅう》院へ行くことになった。稽古をさぼりたい僕は、付《つ》き添《そ》いを理由に仲間の治療に同行することにした。

その時は稽古をサボれたことがただうれしいだけで、鍼灸に対してそれほど強い印象は持たなかった。「鍼《はり》一本で体を治すのかぁ」と不思議に感じたくらい。まさか、将来自分がその鍼灸師になるとは夢にも思っていなかったが、これが僕と鍼灸との出会いだった。

稽古をサボりたいという怠け心が鍼灸との出会いにつながり、現在に至っているのだから、世の中、本当にムダはないとつくづく思う。


僕の人生における幸運のひとつは、学校の先生に恵まれたことだ。中でも高校1年生の時にお世話になった田中永昭《えいしょう》先生は、僕の人生を決定づけてくれた恩人だ。田中先生はお寺の住職を兼任《けんにん》していることもあって、人としての生き方についてよく話をしてくれた先生だった。現在は「えひめネパールフレンドシップ」の代表として、故郷から僕の活動を応援してくれている。

アメリカに行くことばかりが頭を埋め尽くす、夢見がちの落ちこぼれだった僕に、田中先生はいつも「なんでもいい、社会に役立つ人になれ！」と声をかけてくれた。初めのうちは説教のようにしか聞こえず、ただ聞き流していたのだが、何度も繰り返し聞いているうちに、不思議とその言葉は僕の心にしみ込んでいった。

その頃から、社会に役立つってどういうことだろう、アメリカに行ったら何が役に立つのだろう、などとあれこれ考えるようになった。

そんなある日、眠い目をこすりながら自転車に乗って登校していると、突然、「社会に役立つ人になれ！」という先生の言葉と、中学生の時に見た鍼治療が、強力な磁石で吸いつけられたように僕の頭の中でくっついたのだ。

「そうだ！　鍼灸師になれば、アメリカへ行っても誰かの役に立つことができるかもしれない」

そう思った僕は、誰に相談することもなく「将来は鍼灸師になってアメリカを目指そう」と決心したのだった。

東京で鍼灸を学ぶ

高校を卒業すると、僕は東京の鍼灸学校に入学した。

クラスに同年齢の生徒は意外と少なく、ほとんどが社会人を経て入学した年上の人たちだった。病気をして鍼灸治療で救われた人、西洋医学に対する漠然《ばくぜん》とした不安を抱えた人など、さまざまな同級生がいた。

学校の授業は想像以上に厳しかった。国家試験のために知識を詰め込まなければならず、これまでほとんど学校の勉強というものをしてこなかった身には、逃げ出したくなるばかりだった。

しかも、生活費をねん出しながら、アメリカへ渡る費用を貯めるためアルバイトに明け暮れる日々。授業中は眠いばかりで内容が頭に入らない。繰り返される筆記試験と実技の口頭試験にため息をこぼす毎日だった。

何もかも楽観的で、見通しを甘く考えていた自分をこの時ほど情けなく思ったことはない。

しかし、ここでも僕は人に恵まれた。20歳近くも年上の同級生に気にかけてもらい、勉強についていけるよう厳しく特訓してもらうことができた。

家で寝ていると電話がかかってきて試験問題を出してもらうなど、鍼灸学校時代の3年間を支えてもらったことで、なんとか国家試験を受けられるまでになった。


いざ国家試験が近づくと、「どのようにしてアメリカへ渡ろうか」ということを真剣に考えるようになった。

何度か下見に行ったり、ひそかに英語の勉強をしたりして自分なりに準備を進めていた時、父の長年の友人であり、1986年に家族でネパールを訪ねた際にお世話になったネパール人のダルマ・シルパカールさんと再会した。ダルマさんとは十数年ぶりの再会だった。

僕が鍼灸学校へ通っていることやアメリカへ行きたいと考えていることを伝えると、ダルマさんは独特の日本語で言った。

「困っている人がたくさんいるから、ネパールに来たらいいよ」

思いがけない誘いに驚いたが、実はダルマさんのその後の一言が僕の胸に強く響き、ネパール行きの決め手となった。

「ネパールのほうが安いよ」

当時、アメリカへ行く資金を貯めるため必死でアルバイトをして、生活費を徹底的に切り詰めていた僕は「安い」という言葉にとても敏感になっていたのだ。聞けば月2〜3万円あれば十分暮らしていけるという。

頭の中で「2年で60万円」と生活費を勝手に見積もった僕は「これならやれる」と思い、アメリカで暮らしたいという幼少期からの夢を叶《かな》える第一歩として、〝とりあえず〟ネパールへ旅立つことを決心したのだった。

なんだかネパールにこっそりと手招きされているような気がした。


実はネパールへ渡った後、ダルマさんに「あの一言のおかげでネパールへ来る決心ができました」とお礼を言ったことがあった。

ダルマさんは、「そんなこと言ったかな」と首を傾《かし》げた。あの言葉はどうやら本気ではなかったらしいが、ダルマさんは愛嬌《あいきょう》のある丸い頰《ほお》を大きく膨《ふく》らませながら、「スメバドコモミヤコヨ」と言って笑った。

いざ、ネパールへ！

大勢の人に助けられ、なんとか鍼灸師になった僕は、「困っている人がたくさんいる」というダルマさんの言葉だけを頼りにネパールへと旅立つことになった。

正直、不安がなかったといえば嘘《うそ》になる。

日本でも未だ十分に理解が深まっていない鍼灸治療が本当にネパールで受け入れられるのか。何より治療経験もない僕の未熟な治療を受け入れてもらえるだろうか。日本を出られる喜びとは裏腹に出発の日が近づくにつれ不安が募っていった。

搭乗《とうじょう》したロイヤルネパール航空の機体がジェットエンジンの出力を上げながら猛スピードで滑走路を走り、関西国際空港を飛び立った時はいろんな思いがこみ上げてきた。

鍼灸学校時代にお世話になった人達、高校時代の恩師、ネパール行きを引き留めながらも出発前にお守りをくれた人……大勢の人の気持ちに応えるためにも悔《く》いの残らない時間を過ごそう、そんなことを思いながら、だんだん小さくなっていく日本の景色を見ていた。

　さまざまな不安を胸に、腹巻とズボンのポケットに20万円ずつ分けて入れた現金60万円を何度も触って確認しながら。22歳の旅立ちだった。

第2章

混沌と貧困

ネパール生活、始まる

カトマンズ盆地では毎年5月頃、ジャカランダがいっせいに紫色の美しい花を咲かせる。ジャカランダはマメ科の常緑樹でネムノキに似た涼しげな葉っぱが特徴だ。

真夏の太陽がこれでもかとばかりに照りつける5月のカトマンズも、ジャカランダの木陰に入ると嘘《うそ》のように涼しい。僕のネパールでの生活はジャカランダの開花と共に始まった。

カトマンズに着いた僕は、ネパール行きをすすめてくれたダルマさんの家でしばらくの間、下宿させてもらうことになった。ネパールは125の民族が暮らす多民族国家で、丘陵部《きゅうりょうぶ》から山岳部に多く暮らすビルマ・チベット語系の民族と、西部から南部に多いインド・ヨーロッパ語系の民族の2つに大別される。

ダルマさんはそのうち、ビルマ・チベット語系のネワール族の出身だ。ネワール族は3世紀頃からカトマンズ盆地で暮らし始め、高度な都市文明を築いたことや独自の職業カーストを持っていることで知られる。

カトマンズ盆地はその昔、大きな湖だったそうだ。ある時、文殊菩薩《もんじゅぼさつ》がこの地を訪れ、三日月刀で南の丘を切って水を抜き、豊沃《ほうよく》な盆地ができたことで人が暮らし始めたという伝説が残っている。実際、2〜3万年前までカトマンズ盆地は湖であったことが調査で判明している。

ダルマさんの家はカトマンズ盆地の南に位置するパタンという古都にあった。パタンは別名、ラリットプールともいわれ13世紀から18世紀中葉《ちゅうよう》に栄えたマッラ王朝時代、カトマンズ盆地に3つあった王国のひとつだ。

ダルマさんの家族は元々、王宮のそばにある伝統的なネワール様式の実家で一族30人あまりと共に暮らしていたそうだが、91年に家族と今の新しい家に引っ越してきたという。ネパールでも近代化と共に大家族制度が崩《くず》れ、核家族化がどんどん進んでいるようだった。

とにかくあわてない人々

ダルマさんの家はまだ新しく、暮らすにはまったく不自由はないという感じだったが、実際には毎日のように起きる長時間の停電、慢性的《まんせいてき》な水不足など、日本とは異なりさまざまな不便があった。

しかし、ネパールで暮らし始めてから僕が一番苦しめられたのは、電気でも水でも大気汚染でも不衛生な町でも食事でもなく、実は「ネパール人」だった。

ネパール人といっても、125もの民族が暮らす国なのでひとくくりにすることはできないが、少なくとも僕の知るネパール人は、とにかく何ごともあわてない。時間や約束事には驚くほどルーズだ。


ネパール人の多くが信仰するヒンドゥ教には始まりもなければ、終わりもない。輪廻《りんね》を信じているため、人々は永遠思考に基づいて暮らしている。

そのため、ものごとを限られた狭い視野でみる習慣がなく、たとえば日本人が10年でお寺を建てるとすると、彼らは親、子、孫の三世代、100年くらいかけて建てようとする。刹那《せつな》の時をいっさい寄せ付けず、過去、現在、未来という概念すらも受け付けようとしない。

たとえ時間に遅れても急ぐという発想もない。

そもそも約束自体、守るためにあると考えているのかも疑わしい。約束なんてひとつの目安に過ぎず、有り余る時間を限定的に考える発想がないのだ。

何が起きても悲観的になったり、あわてふためいたりすることもない。すべては三億三千の神様が決めたこと。人間の力だけで解決しようとせず、すべてを大きいものに委《ゆだ》ねる心の広さは、もしかすると僕たち日本人も見習うべきところがあるのかもしれない……。

約束よりも星占いを優先

下宿先のダルマさんの家には、毎日たくさんの人が出入りしていた。親戚《しんせき》なのか、友人なのか、いちいち紹介される訳でもないので、いったい誰が誰なのか分からないまま寝食《しんしょく》を共にしていた。

彼らは「明日バドミントンを一緒にやろう」とか「祭りを見に行こう」と会うたびに誘ってくるのだが、約束の場に行っても一向にやって来ないのだ。数時間待っても姿を現さず、僕は仕方なく首をかしげながら家に戻る。

しかし、翌日、約束を反故《ほご》にした当の本人が何食わぬ顔をしてやって来る。来なかった理由をたずねると「約束なんてした?」「行こうとしたら途中で親戚と会ってね」ととぼけたり、中には「ジョティスィ（星占術師）に悪い日だから外に出るなと言われたんだよ」なんて人もいた。星占いで勝手に約束を変更されるのだから、こちらはたまったものじゃない。

それにも関わらず、「明日映画に行こう」なんて懲《こ》りずに誘ってくるのだから、あきれてしまう。でも、彼らに言われるまま約束の場所に出かけていく自分の、いや日本人としての義理堅さがつくづく嫌になったりもした。

ある時など、どうせ空念仏《からねんぶつ》に違いないと高をくくって約束をすっぽかしていると、「ダイスケはネパール人になった」なんて笑われるのだから一体、何を信じてどうすればよいのかわからない。夕方、下宿先の屋上に上がっては水をガブ飲みし、深呼吸をして心を落ち着かせるなんてこともしばしばだった。

近所のお年寄りを治療

ネパールに着いてしばらくすると、僕はトリヴバン大学の国際語学キャンパスへ入学した。大学は休みが多かった。なんといっても一年の日数よりお祭りが多い国。祭りのたびに休講となり、しかも、当時指導していただいた先生が最高位カーストであるバウン族に属していることもあって、誕生日や家族の人生儀礼の日も必ず休みになった。

その日も大学が休みで、暇《ひま》を持て余していたときのこと。下宿先にやってきた近所に暮らす老女が長い世間話を終えて立ち上がろうとした。

「アイヤー（痛い）」

彼女は膝《ひざ》に手を置くと、眉間《みけん》にシワをよせ苦しそうな顔をした。膝に問題を抱えていることを知った僕は、髪の毛よりも細い鍼《はり》を刺せば痛みが和らぐかもしれないことを告げ、鍼治療をすすめてみた。

ネパールにおける鍼灸《しんきゅう》治療は、1970年代に中国で医学を学んだネパール人医師が紹介したことで始まったそうだ。今では片麻痺《へんまひ》など脳神経疾患《しっかん》の治療に取り入れられるなど、医療として認知されている。

そんなこともあってか、老女があっさりと治療を承諾《しょうだく》してくれたことには拍子《ひょうし》抜《ぬ》けしたが、僕にとってネパールで初めてであると同時に、鍼灸師になって初めてという忘れられない患者となった。

さっそく下宿先の屋上に敷いたムシロの上に老女を寝かせて膝の治療をした。とにかく膝によいと言われるツボにすべて鍼を刺した。

治療の間、老女がいびきをかいて寝たため「痛い」と言われることもなく初めての治療は無事終わった。治療が終わると老女は静かに起き上がり、何も言わず下宿先を後にした。本当は老女を追いかけて治療の感想を聞きたかったのだが、僕にその勇気はなかった。

「だめだったか……」

その日はなんとも不完全燃焼で、治療経験も積まずに日本を飛び出したことを少し悔《く》やんだ。

患者が患者を呼ぶ

翌日、大学の授業を終えて下宿先に帰ると、なんとそこに昨日治療をした老女が来ていた。老女は右手で膝を指さしながら、「ラムロチャ（調子がいいよ）」と言ってきた。彼女の話を聞いてうれしいというよりも、なんだかほっとした気分になった。

長年、ネパールで治療活動を続けていると、ネパールの人々の体が鍼の刺激に対してとてもよく反応することに驚くことがある。鍼が効くのだ。とくに山間部の人々は効果が高い。もしかすると薬を飲む機会が少ないため鍼の刺激に反応しやすいのかもしれない。もちろん貧しくて十分な治療を受けられない人々にとって、治療を受けること自体にプラシーボ（偽薬《ぎやく》）効果もあるのだろう。

「今日は友達も治療しておくれよ」

老女は連れて来た友人2人の治療を頼んできた。断る理由なんてない。僕は前日と同じように屋上にムシロを敷き、魚市場に並んだマグロのように老女たちを寝かせ治療を施していった。

3人とも治療が始まるとすぐに大いびきをかいて寝たこともあってか、前日と同じように鍼に対して否定的な反応は一切なかった。治療が終わると3人は「明日も来る」とだけ言って下宿先を後にした。

翌日、キャンパスから下宿先に帰ると、前日治療をした老女が、それぞれ2人ずつ友人を連れてきていた。さらに翌日はその友人が友人を連れて来て……といった具合に患者は雪だるま式にどんどん増えていった。

臨床経験もなく技術も知識もとぼしい僕のにわか治療にもかかわらず、毎日、頻々《ひんぴん》とやってくる患者。無償《むしょう》とはいえ、これだけ患者が集まることには正直驚きを隠せなかったが、なんだか頼られている感じがとてもうれしかった。

貧しくて病院に行けない

その後も患者は増え続け、中には山道を何時間もかけて治療に訪れる人や、すぐにでも手術が必要と思われる大病を患《わずら》った人まで来るようになった。

「なぜ、病院へ行かないのだろう?」

素朴な疑問を感じた僕は、病院へ行かない理由を患者に尋《たず》ねてみた。すると一様《いちよう》に返って来たのは、「貧しくて病院へ行けない」という答えだった。

日本と比べ、ネパールが貧しい国であることは分かっていたが、こんなにも多くの人が病院へ行けないとは……必要な医療を受ける権利が確立されている日本との大きな違いにショックを受けた。

ネパールでは今もバイデヤと呼ばれる呪医《じゅい》によって病気を治すプジャ（礼拝）や、日本の狐つきのような悪霊を追い払うダミ、逆に悪霊をのせることで病気を治すボクシーと呼ばれる祈祷師《きとうし》が存在している。貧しい人々は医療を受けることができず、伝統的な呪術《じゅじゅつ》に頼らざるを得ない状況なのだ。

確かに、患者の中には「鍼治療を受けたら余計に痛くなった」と言う人もいたが、そんな人でさえ毎日、欠かさず治療を求めてやって来た。

すぐに手術が必要と思えるような大病を患った人も、山道を何時間もかけてやって来る人も皆、医療を受けたいと藁《わら》をもすがる思いで屋上の治療室へ集まってきた。

山の上の村へ往診

ある日、山の上の村から来ている患者から「どうしてもここまで来られない病人がいるので村まで治療に来てほしい」と頼まれ、村へ往診に行くことになった。

ネパールでは今も電気の通っていない村が多い。万年の電力不足で首都のカトマンズでさえ長時間の停電が当たり前という現状だが、電気を必要としない鍼ならどこでも治療ができる。

これがネパールにおける鍼治療の一番の強みだ。

往診《おうしん》に出かけたのはカトマンズ盆地南部の山の上にある小さな貧困の村だった。下宿先の屋上から患者が指さした時には近くに思えた村も、実際に歩いてみるとかなり遠かった。数時間かかってようやく目的の村に着いた時にはすっかり息切れし、へとへとになっていた。

こんなに遠いところから治療に来ているのか……。毎日、治療を求めて下宿先の屋上までやって来る患者の苦労を知った時、なんだか申し訳ない思いでいっぱいになった。

村を見渡すと山肌にへばりつくようにして日干しレンガの小さな家が点々と散らばっていた。どの家が患者の友人の家だろうと辺りをキョロキョロしていると、通りがかりの村人が「ケバヨ？（どうかしたの）」と尋ねてきた。

「ビシュヌさんという人を探しているのですが……」

「この村にビシュヌはたくさんいる。この家もあそこも、それから、あそこもみんなビシュヌだよ」

そう言って村人は笑った。

ビシュヌとはヒンドゥ教で人に生命を与えた神様だ。人気が高い神様だけにビシュヌという人名は男女を問わずそこら中にいる。石を投げれば当たるような名前だ。

「足が痛い年配の男性です」と僕が伝えると、村人は「そんなのばっかりだよ」と言って、また笑った。


日本ならどこにいっても番地も電話もあるが、そうはいかないのがネパールだ。僕が困った顔をしていると、「まぁ、家でチィヤ(お茶)でも飲んでいったら」と村人は家に

山の上の村での往診治療。村人は貧しい生活の中でも、いつも親切にしてくれた

誘ってくれた。

彼の名前はルペンドラさん。お茶なんて飲んでいる場合じゃないのに……ためらいながらもルペンドラさんを頼るしかないと思い、彼について行くことにした。

耐熱グラスに入った熱いチィヤを飲んでいると、不思議と心が落ち着いた。焦《あせ》った時ほど、こうしてチィヤを飲むくらいの余裕が必要なのだ。ネパールの生活にすっかり慣れたつもりでいたのに、まだまだネパールのことをちっとも分かっていないことに気づかされた。

お茶をご馳走《ちそう》してくれたルペンドラさんの案内で一軒ずつ家をまわって目的のビシュヌさんを探すことになった。あっちのビシュヌさん、こっちのビシュヌさんといった具合に十数軒のビシュヌさん宅をしらみつぶしに訪ね、ようやく目的のビシュヌさんと会うことができた。

いざ治療を始めようとすると、それまで訪ねたビシュヌさんをはじめ、噂を聞いた村人が三々五々、集まってきた。みんな「自分も診てほしい」というのだ。

ビシュヌさんを探しに家々をまわったことは、結果的に治療の宣伝をして歩いた形となった。目的のビシュヌさんの治療を終えた後、軒先《のきさき》を借りてほかのビシュヌさんや村人たちを治療した。

こうして山の上の村での往診治療が始まった。

村人は週に2、3度訪ねる僕をいつも温かく迎えてくれた。他愛のない世間話の中から彼らの生活の喜びや苦しみを聞けたことはネパール社会の現実をつぶさに知る貴重な機会となった。時には「わずかばかりだけど……」と言って、貴重な保存食である干しトウモロコシを治療のお礼にくれたり、祭りの日には村人総出でつぶした水牛の肉を分け与えてくれたりと、下にも置かない温かいもてなしを受けた。

ある時は下山途中に道に迷ってしまった僕を、村人が松明《たいまつ》をかかげて探しに来てくれたこともあった。真っ暗闇の中、篠《しの》つく雨に打たれ、寒さと空腹、さらにヒョウに襲われる恐怖で生きる希望を失いかけていた時に見た、あの小さな松明の火影《ほかげ》にどれだけ救われたか、とても筆《ひっ》舌《ぜっ》にはつくせない。

伝書鳩で治療日を連絡

山の上の村で治療を始めると、噂《うわさ》を聞いて周辺の村からも患者が集まるようになって来た。中には山向こうの村から来る患者もいた。手を伸ばせば届きそうな対峙する山の上の村も、ここにたどり着くには何度も山道を登ったり下りたりしなければならない。

僕が暮らし始めた1998年当時、カトマンズの町でも電話のない家庭がほとんどだった。携帯電話がスタートしたのは2001年のこと。数年後に爆発的に普及するようになるまでは、下宿先の電話は近所の人達の「呼び出し電話」として使われていた。

電話に出ると「5分したら電話するから、それまでに○○さんを電話口に呼んでおいて」などと言われ、近所へ電話の使い番をさせられることも日常茶飯事だった。町の中でさえそんな感じだから山の上の村には電話なんてなかった。


当時、治療日の連絡には電話の代わりに伝書鳩《でんしょばと》を使っていた。

パタンの町へ野菜を売りに来る村人に治療日を伝えると、彼が帰村した際に字の読み書きができる村人に伝え、それを放鳩《ほうきゅう》して周辺の村に伝えるというやり方だ。きちんと患者が集まるところからも伝書鳩の能力の高さに感心したものだった。

こうして村での治療を続ける中で、村人との信頼関係を築いていけたことは、僕にとってとても大きな学びの収穫だった。

村人にとって「ダイスケ」という名前は覚えにくいのか、いつの間にか僕は「ダイスキサン」「ジャパニサーブ（日本の先生）」などと呼ばれるようになっていた。

「生まれてきてよかった」

ある日、山の上の村へ往診に向かう途中、菩提樹《ぼだいじゅ》の下につくられたチヨウタラと呼ばれる休憩所で休んでいると、飼葉の入った大きなドコ（籠《かご》）を背負った体の小さな老女がよろめく足取りでやってきた。

ぼろ布をまとった老女はすでに腰が大きく曲がり、腕も変形していた。苦悶《くもん》に満ちた表情を浮かべながら何度も膝をさすっているので僕は声をかけてみた。

「痛いのですか？」

「もう何年も膝が痛くてね」

老女はため息をつきながら膝を強くさすった。

「もしよかったら診ましょう」

僕がそう言うと、老女は驚いた表情を浮かべながら膝を出して来た。

彼女の名はマヤさん。マヤさんの膝は痛みで使わなくなったせいか周囲の筋肉がやせ衰《おとろ》え、小さな衝撃でも折れてしまいそうな状態だった。僕はマヤさんに鍼治療について説明し、山道を30分ほど下ったところにあるマヤさんの家で治療をすることになった。

マヤさんの家は人が住んでいるとはとても思えないようなみすぼらしい家で、彼女がかなりの貧困の中で暮らしていることがすぐに分かった。

僕はマヤさんの膝に鍼を打った。特別なことは何もしていない、いつも通りの治療だ。30分ほどして鍼を抜き、「終わりましたよ」と言ってマヤさんの顔を見ると、マヤさんは涙を流していた。呆然《ぼうぜん》としている僕に向かって、マヤさんがすすり泣きを洩《も》らしながら、か細い声でささやいた。

「生まれてきてよかった」

マヤさんはカーストの中で、「ダリット」と呼ばれる不可触《ふかしょく》の賤民《せんみん》だという。

カーストはインドで始まったヒンドゥ教の身分制度で、それぞれの出自《しゅつじ》によって定められた世襲《せしゅう》制の職業によって分類され、最高位の祭祀《さいし》を「浄《じょう》」とし、その対極にある精肉業や清掃業など死や血、排泄物《はいせつぶつ》に関わる職業を「不浄《ふじょう》」と定めている。名字を聞けばどのカーストに属しているのかが分かる。マヤさんは便所掃除など排泄物の処理をするカーストに属している。

１９５５年の市民解放法でカーストによる差別は禁止されたが、今も人々の意識や生活の中に根強く残り、考え方に大きな影響を与えている。

マヤさんはダリット出身というだけで、水場に近づくと石を投げられたり、労働の際の賃金は手渡しではなく地面に放り投げられるそうだ。村を歩くと小さな子どもにまでからかわれるという。かつては魔女狩りにあい、村人から殴る蹴るの暴行を受けたこともあった。

「村の家畜が続けざまに死んだ時、それを誰かが私のせいだと言いだしてね。私を魔女だと決めつけたの。突然、村人が私を家から引きずり出して、寄ってたかって殴ったり、蹴ったりしてきてね。汚物を頭からかけられて、『村から出て行け』って言われたの。あの時は本当に辛かった」

ネパールでは今でも村で家畜が大量に死んだり、病気などの不幸が起こると、祈祷《きとう》師や長老、親族らが災《わざわ》いをもたらしたのは魔女（ボクシ）の仕業《しわざ》だと考え、誰かを魔女として糾弾《きゅうだん》する因《いん》習《しゅう》がある。

魔女にされるのはほとんどの場合、ダリットの女性だ。時には目を潰《つぶ》されたり、糞便《ふんべん》を食べさせられたりすることもあるという。2012年には黒魔術を使ったとして、やはりダリットの女性が焼き殺される事件も起きている。

マヤさんの右手が大きく曲がって不自由なのは、襲われた時の怪我《けが》が原因だという。おそらく骨折をした後、適切な治療を受けなかったためだろう。曲がった右手が余計に痛々しく感じられた。


あまりに血も涙もない、残虐非道《ざんぎゃくひどう》な話に僕は言葉を失った。

「生まれて初めて人から優しくしてもらったことがうれしかったんだよ」

涙を流しながら語るマヤさんの言葉からは、長年にわたり背負い続けて来た無数の苦しみが伝わってきた。

社会の底辺に生まれた人々は、社会からの厳しい虐《しいた》げに耐え忍びながら生き、そして紙切れのように亡くなっていく。彼らの多くは教育がない故《ゆえ》に他人を疑うことを知らない。ひたすら

被差別階級出身のマヤさん。治療後、「生まれてきてよかった」とすすり泣いた

現状を前世のカルマ（因果）や神の定めと信じ受け入れている。いつかよい身分として生まれ変わるかもしれない、そんな輪廻《りんね》を信じればこそ、黙々《もくもく》と現状に耐えているのだ。

僕は決して特別な治療をしたわけではない。マヤさんの苦痛を聞き、体に触れ、鍼を打つ、〝当たり前〟の治療をしたわけだが、その当たり前のことがマヤさんにとっては特別だったのだ。

知識も技術もなく治療をするたびに挫折《ざせつ》を味わう日々だった僕にとって、マヤさんの言葉は真っすぐ心に響いた。僕は医師ではない。病気を治すことは難しいかもしれないが、人の心を救うことなら少しはできるはずだ。僕は力の続く限りネパールで治療をする決心をした。

資金不足に直面

ネパールに残って活動を続ける決心をしたものの、日本から腹巻に巻いて持って来た60万円の資金は減っていく一方だった。

生活はもとより治療活動に必要な鍼や消毒薬を買うにも資金が必要だ。日本に一度帰り、アルバイトをして資金を貯めることも頭をかすめたが、目の前で苦しむ患者を何とかしたいという思いが強く、とても日本に帰る気にはなれなかった。

そこでまずはネパールの現状や自分のやっている活動について知ってもらおうと思い、友人や知人へ片端《かたはし》から手紙を書いて送ることにした。

とはいえ当時は22歳で、社会に出たこともない僕の交友関係なんて限られている。鍼灸学校時代に通ったラーメン屋のおばちゃんやパン屋さんまで、とにかく一度でも会ったことのある人を思い浮かべながら、手紙を出すことにした。


当時のネパールはインターネットが簡単に使える時代ではない。宛先が分からず、どこの交差点を左に入って50メートル先の右側なんて書いて手紙を送ったりもしたが、それでもちゃんと届いていることを確認した時には、日本の郵便配達員の律儀《りちぎ》さに心から敬服《けいふく》した。

余談だが、後日、ヒマラヤ小学校を開校した後に都内の高校で講演をおこなった際、担当の先生の誘いでラーメンを食べに行ったことがあった。そのラーメン屋さんこそが、僕がネパールから手紙を送ったお店だったのだ。

店主のおばちゃんは僕の顔を忘れていたのだが、「ネパールで暮らしています」と話すと、

「おばちゃんのお客さんでね、ネパールで活動している子がいるのよ。その子が送ってくれたハガキを今も大事に壁に貼《は》っているのよ」と言って指さしてくれたのが、まさに僕が送ったハガキだった。宛先には「○○の交差点を北に入って30メートルくらいのところの右手にあるラーメン屋さん」と書いてあった。

こうして、なりふりかまわず手紙を出して自分の思いを伝える内に、ひとりふたりと活動に賛同《さんどう》してくれる人が現れ、ネパールでの生活と治療活動を応援してくれるようになった。その人たちから紹介を受けて別の人に会い、更にその人たちが紹介してくれて、といった具合に、人と会うことで一歩ずつ前途《ぜんと》が開けていった。

王族からの治療依頼

ある日のこと。見知らぬ男性から穏やかな口調で「ある人の治療をお願いしたい」と連絡があった。そのある人というのが、当時のビレンドラ・ビクラム・シャハ・デブ国王の姉にあたる方だというのだ。

僕は事情をよく理解しないまま、「分かりました」と返事をして、王女の治療をすることになった。

ネパールでは珍しい高級ドイツ車で迎えが来て、王宮のそばにある王女の邸《やしき》に着くと、早速、治療を始めることになった。

王族関係者ということで緊張もしたが治療を始めれば皆、同じだ。僕は思いつくままに鍼を打ち、灸を据えていった。

残念ながら症状は思ったほど回復しなかったのだが、鍼灸治療に興味を持った王女から「この治療を国民のために役立てて欲しい」と言われ、当時、王女が名誉総裁を務めていた「ネパールがん協会」から治療室を無償で提供してもらうことになった。

思いがけない話にわが目を疑ったが、下宿先の屋上に変わる治療室を求めていた僕にとっては、とてもありがたい話だった。がんそのものを鍼治療で治すことはできない。しかし患者の免疫《めんえき》力を高める手助けや痛みを和らげること、そして心を救うことは鍼治療で十分可能なはずだ。

こうして僕はネパールがん協会のビルの一室に無料の「鍼灸フリークリニック」を開設。がん患者をはじめ痛みに苦しむ人々の治療に専念することになった。

医療キャンプの衝撃

「医療キャンプに参加してみないか」

治療活動を通して知り合ったネパール人医師のドクター・シャルマから声をかけてもらった。僕は少年の頃、ボーイスカウトに所属していたこともあって野外活動が好きだ。キャンプという言葉の響きに敏感に反応した僕は、医療キャンプが何かも分からないまま二つ返事で参加を決めた。

医療キャンプが開催されたのはネパール極西部の山岳地帯にある貧しい村だった。

村まではカトマンズからつづらおりのガタガタ道をバスで20時間ほど揺られて着いた中継地の町から、切り立った山の谷底を流れる川を渡り、断崖絶壁《だんがいぜっぺき》の山道を4日歩いてようやくたどり着く、へき地の中のへき地だった。

山の上の村に足繁《あししげ》く通うようになり山歩きには慣れていたつもりだったが、ネパール極西部は開発が著しく遅れた地域、貧しさゆえだろうか山道は独特の厳しさがあった。

厳しい山道を、痩《や》せ細った裸足の人々が体よりも大きな荷を背負い無言で歩いていく。額《ひたい》に刻まれた無数の深い皺《しわ》が、貧しさやすべての運命を受け入れているようだった。宿泊した民家ではわずかばかりの粟《あわ》が出された。極西ネパールには人間の本性がむき出しになるような究極の貧困の現実があった。

目を覆いたくなる現状

山道を4日歩き、ようやくたどりついたキャンプ地の村は自然に囲まれ、雑音がまったくない美しい世界が広がっていた。目の前の大きな山のたおりが朝日で金色に染まっていた。赤児《あかご》が泣き、犬が吠え、鶏鳴《けいめい》が聞こえる。まるで桃源郷《とうげんきょう》ではないかと錯覚を覚えるほど美しい村だった。

ここには人間の幸せが存在する。勝手な確信を持ったのも束の間、実はそこで僕が見たものは目を覆《おお》いたくなるような厳しい現実だった。

村の広場に竹を編んでつくった急ごしらえの診療所には、既にたくさんの村人が集まっていた。治療を求めて遠くの村から何時間もかけてきた人もいるという。

救急車の代わりに、普段は農作物を入れて背中に担ぐドコと呼ばれる籠に乗せられ、次々と息も絶え絶えの患者が運ばれて来た。寒いのに裸のままの子もたくさんいる。寒風が骨身につよく突き刺さった。

僕が何よりも驚いたのは子どもの多くが感染症にかかっていたことだった。

異臭がひときわ鼻を刺す部屋には、お腹がパンパンに膨《ふく》れ手足が棒のように細くなった子が集まっていた。高熱のせいか母親の胸でぐったりとしている子もいた。床には嘔吐物《おうとぶつ》がまき散らされていて、まるで胃の中に強酸《きょうさん》を注ぎ込まれたような気分になり、思わずえずいてしまった。

逃げ出した弱い自分

僕は目の前の現実にただ言葉を失い、潮が引くようにその場から逃げ出した。

苦しむ子どもを抱き上げる優しさも、頬《ほお》ずりする勇気も僕は持っていなかった。

それどころか、自分に病気がうつってしまうのではないか、そんな恐怖に襲われ、まるで汚いモノを避けるような気持ちで逃げ出したのだ。

自分は心底、卑怯《ひきょう》で弱い人間だと痛感した。ネパールで本気で治療活動をやると決めた決意なんて、金魚すくいの網のように薄っぺらなものだったのだ。

キャンプ場のそばにあった菩提樹《ぼだいじゅ》の下で腰を抜かしたようにへたり込んでいると、医療キャンプに誘ってくれたドクター・シャルマがやって来て、僕に声をかけてきた。

「避けるのではなく、率先して体験することだよ」

ドクター・シャルマに、たゆたう自分の心の中をすべて見透かされているような気がした。彼は僕が弱い人間だと分かってキャンプに誘ってくれたのかもしれない。ネパールで活動するというのはどういうことなのか、もしかしたらそのことを教えたかったのだろうか……。

「これがへき地の現状だよ。問題の根本は教育の遅れにある。教育がなければ、この医療キャンプも残念だけど対症療法でしかないよ」

ドクター・シャルマは、僕よりも深いため息をついた。

ヒンドゥ教社会では女性の社会的地位がとても低いため、女子が教育を受ける機会が少ない。村では今も「女子が教育を受ければ神の怒りに触れる」という声すら聞こえてくる。教育を受けることなく母親となり、子どもに手を洗うことや水を沸《わ》かして飲むという、生きていくために必要な基本的知識の伝達ができない。

また、女子を出産した際、アラチニ（呪われた女）と言われ、嫁ぎ先から追い出されてしまうことも少なくない。教育のない母親だけで子どもを安全に育てることは至難のわざだ。

結局、この日は何もすることができなかった。

夜更けに目が覚めて宿の外へ出た。夜空には薄月《うすづき》が浮かび、淡《あわ》い光線が静まりかえった村を照らしていた。

現場から逃げ出した弱い自分とどう対峙《たいじ》すればよいのだろう。ドクター・シャルマが言った「率先して体験すること」とはいったいどういうことなのだろう……。夜空に答えを求めても、答えはまったく見つからなかった。

わずか1週間余りのキャンプの間に2人の子どもが死んだ。

感染症による高熱と下痢《げり》性疾患《せいしっかん》で極度の脱水を起こしていたそうだ。ここに運ばれて来た時にはすでに手遅れの状態だった。

識字率の低いネパールの山岳地域では今も下痢を悪魔の仕業と考え、祈祷師による魔除けを唯一の治療法だと考えている親が多い。病気になっても病院がある町まで3〜4日、山道を歩かなければならないため、助かるはずの病気で命を落としてしまうのだ。ドクター・シャルマの言う「教育の遅れ」の意味を痛感した。

少年ゴビンダとの出会い

隣の部屋から聞こえてくる慟哭《どうこく》に動揺しながら、僕は鍼を打ち続けた。

鍼で治せるような患者はほとんどいなかった。それでも治療を求めて遠くの村から集まって来た人たちに何かしなければという思いだけで治療を続けた。

部屋で治療をしていると、ひとりの少年がやって来て鍼治療を興味深げにのぞき込んだ。

彼の名前はゴビンダ。手をつないでいるのは妹のミーナ、背中には幼い弟のシャムを背負っていた。

ゴビンダは自分の歳が分からないという。シバ神の祭りの後に生まれたとしか答えられないのだが、おそらく11歳くらいだろうか。ネパールでは今もゴビンダと同じように自分の年齢を知らない人は多い。

ゴビンダは鍼に興味を示し、「シウ（鍼）は痛くないのか」、「なぜ刺すのか？」など、いろんな質問を投げかけて来た。僕が質問に答えると、うれしそうに笑みを返してきた。

翌日もゴビンダは弟と妹を連れてやってきた。

ゴビンダは部屋に入ると突然、僕にむかって「字を教えてほしい」と言ってきた。なんでも自分の名前を書けるようになりたいのだという。彼はこれまで一度も学校へ行ったことがないため、字の読み書きができないのだ。

書き汚した紙の裏に「ゴビンダ」とネパール語で書いて見せると、ゴビンダはうれしそうに文字を写し始めた。たどたどしい書き方だったが、字を覚えたいという彼の思いがひしひしと伝わって来た。

「名前が書けるようになったよ！」

翌日、ゴビンダは満面の笑みを浮かべながら治療室にやってきて、自分の名前を書いた紙をうれしそうに見せてきた。

僕が「ラムロチャ！（上手だね）」とほめると、ゴビンダはぽっと頬《ほお》を染めた。そして「弟と妹の名前も教えて欲しい。お父さんとお母さんの名前も書けるようになりたい」と興奮気味に言ってきた。

ゴビンダの心の中で熾火《おきび》のように静かに燃え続けていた学びへの思いが、一気にかき立てられたのだろう。僕はゴビンダの向学心に感心しながら、学校へ行くことが当たり前で勉強なんて一切しなかったゴビンダと同じ頃の自分を振り返り、恥ずかしさでいっぱいになった。世の中には勉強したくても、その機会を奪われた子どもが大勢いる……。

ゴビンダの健気な優しさ

ゴビンダとの不思議な交流が続いたある日、治療を終えた僕はドクター・シャルマと共にゴビンダの家を訪ねることになった。

ゴビンダに案内された家は、村のはずれにある粗末《そまつ》な掘っ立て小屋だった。低い入り口を屈《かが》んで中に入ると、両親が「アウヌバヨ（来てくれましたか）」と言って笑顔で歓迎してくれた。土間に座ると、目の前には葉っぱで編んだ皿の上に、糸のように細いニンジンが一本、土がついたままの状態でのっていた。彼らができる最大限のもてなしだ。暖を取る薪《まき》がないため、体にすりこんで寒さをしのいで欲しいと唐辛子をひとつ手渡された。

ゴビンダの父親は体の半身が不自由だった。母親は盲目だ。

話によるとゴビンダの父親はインドへ出稼ぎにいった際に病気で半身麻痺《はんしんまひ》になったそうだ。右半身の筋肉が固まり突っ張っていることに加えて失語症があるから、おそらく脳血管障害を患ったのだろう。

母親は義理の父親に暴力を振るわれた際、額を強く打ちつけ両目の視力を失ったそうだ。視力を失ってからも一度も病院で診《み》てもらったことはないという。義理の両親による暴力は、ダウリー（花婿《はなむこ》の家庭の要求に応じて、花嫁《はなよめ》の家が現金などを支払う持参金制度）で彼らの希望を満たさなかったことに起因しているという。

義理の両親や親類による暴力に耐えかね、夫と共に自分の故郷であるこの村に逃げてきたのだが、実家の家族や親類からは疎《うと》ましく思われ、再三、村から出ていくよう言われているそうだ。自分たちの生活が苦しい中で、障害を持つ貧しい親類の世話をするだけの力がないのだ。障害のため働くことが難しい両親に代わり、ゴビンダが薪《まき》や飼葉《かいば》を集めたり牛乳を売りに歩いたり、町に出て家々をまわってトイレ掃除をしたりして生活をしているそうだ。ゴビンダの家族に次々と降りかかる不幸。僕は究極の貧困を見た思いがした。

「お母さんの目が見えるようになる？」

薄暗い小さな部屋で精いっぱいもてなしてくれる両親に、ゴビンダがとても優秀で教えた字をすぐに覚えたことを伝えると、母親は「ゴビンダは神様が与えてくださった私たちの宝物です」とうれしそうに話した。

僕は隣に座ったゴビンダの頭をなでながら「これからも字の勉強を続けるといいよ」と何気なく声をかけた。するとゴビンダは突《とっ》として僕のほうを向き、まんじりと顔を見つめながら問いかけて来た。

「字をたくさん覚えたら、お母さんの目が見えるようになる？」

その瞬間、僕は鋭利なナイフで胸をえぐられたような思いがした。

日本では理解不能な究極の貧困。そんな苦しい現状でもなお、母を想うゴビンダの健気《けなげ》なやさしさ。もし自分がゴビンダと同じ状況なら、果たして同じことが言えるだろうか——。

第3章

子どもたちに教育を

ゴビンダのように、学校へ行きたくても行けない子どもたちのために何かしたい。自分にしかできない何かを——。

しかし、貧しい子どもたちを応援しようと思っても、実際に何から始めればよいか、さっぱり見当もつかないまま時間だけが過ぎていった。

とにかく実情を調べてみようと思い、往診《おうしん》治療の行き帰りに露天《ろてん》で物を売ったり、ゴミ集めなどをして働いている子ども一人ひとりに声をかけてみることにした。

児童労働の実態

ネパールでは子ども（5歳〜16歳）の5人に1人が児童労働者として働いていると報告されている。

法律では14歳以下の児童労働は禁止されているにも関わらず、児童労働比率は世界で最も高い。貧しい農村では家族を養うだけの生産力がなく、農業以外に仕事もない。子どもは小さいうちから口減らしのため、仕事にありつける首都カトマンズへ働きに出されるのだ。

ヒマラヤ小学校から望む雄大なヒマラヤ山脈。秋になると美しい白銀の峰々が姿を現す

1 レンガ工場で働く少年。小さな子どもでさえ貧しい家庭にとっては貴重な労働力となっている　2 朝早くから夜遅くまで鉄くずを集める子どもたち　3 日干しレンガを裏返す。酷使によって手の皮は石のように固くなっていた

4口減らしのため工場へ働きに出された少年　5貧困は容赦なく弱い立場の子どもたちに襲いかかる　6ゴミ捨て場で裸足のままゴミをあさる小さな女の子

1 チベット国境近くの医療キャンプに向かう。道路がないため馬やロバで移動することも　2 道中で出会った老人を野天で治療。電気が不要の鍼なら、どこでも治療ができる

町にはストリートチルドレンと呼ばれる路上生活児も多くいる。病気や内戦によって親を失った子、家庭内暴力や両親の離婚によって自ら家出をした子、勤め先の工場から逃げ出した子など、ストリートチルドレンになった理由もさまざまだが、突き詰めればすべて貧困に起因する。

町で物乞《ものご》いをする子どもの中には、憐《あわ》れみをかうために元締《もとじ》めから手や足を切られたり、わざと目を潰《つぶ》されたりすることもある。治療費がそのまま子どもの借金となり、一生逃げられなくなるようだ。

児童労働の実態を調べていると、その多くが女の子であることに改めて気づかされた。工事現場でセメントを運ぶ子、砕石場《さいせきじょう》でマスクもせずにひたすらはハンマーを打って石を砕《くだ》く子……。よく見ると右手が大きく腫《は》れ上がっていた。小さな子どもが白粉《おしろい》を塗ったように粉《ふん》塵《じん》で顔を真っ白に染めながら、ただひたすら石を叩いている。貧困は容赦《ようしゃ》なく弱い立場の子どもに襲いかかるのだ。

子どもには何にも縛《しば》られない自由な時間と腹の底から笑う環境が必要なはずだ。児童労働がもたらす身体的、精神的な荒廃《こうはい》から子どもを守るためには、なんとか彼らに教育機会をつくらなければならない。

気持ちは焦《あせ》る一方だった。

みかん売りの少女アシュミタ

ある日、道端でみかんを売る一人の少女と出会った。

少女の名前はアシュミタ。おひさまのような笑顔の美しい女の子だ。ネパール語で「誇り」を意味する名の通り、笑顔の奥には芯の強さが感じられた。当時10歳。

アシュミタがみかんを売っていたのは、パタンの旧王宮に近いソゥゴル地区にある路地の一角。天秤計《てんびんばか》りを使って一キロずつに分けられたみかんの前で、「スンタラー（みかん）、スンタラー」と、通りがかりる人に向かって元気よく声を張り上げていた。

「鉛筆を買うために働いているの」

アシュミタに働いている理由をたずねると、ためらうことなく答えた。

「2年生まで学校に行っていたけど鉛筆が買えなくてやめたの。もう一度、学校で勉強するために働いてお金を貯めてるんだ。あとね、お母さんがお腹の病気だから、病気が早く治るお薬を買いたいの。いっぱい勉強したらお医者さんになって、自分でお母さんの病気を治してあげたい」

母親を思うアシュミタの健気《けなげ》な優しさにすっかり心打たれた僕は、彼女のことをもっと知りたくなり、アシュミタに「お父さんかお母さんに会わせてほしい」とお願いしてみた。

「お父さんはいないよ。お母さんと二人きりだよ」

アシュミタはそう言うと、その日の仕事が終わるのを待って自宅へと案内してくれた。

アシュミタは母親のメヌカさんと共に窓のない四畳半ほどの小さな部屋で肩を寄せ合いながら暮らしていた。部屋には粗末《そまつ》なベッドと食器棚がひとつずつ。地べたには灯油コンロと水瓶が置かれ、生活のすべてがこの小さな部屋でまかなわれていることがすぐに分かった。

「ナマステ」

ベッドで横になっていたメヌカさんが咳込《せきこ》みながら体を起こし、挨拶をしてくれた。

天井からぶら下がった裸電球が微弱《びじゃく》な光を放ちメヌカさんとアシュミタの顔を照らしていた。

シートを張っただけの天井をネズミがドタドタ大きな音を立てながら自由に走っていた。ネズミの重さのせいか天井のシートは波打つように垂れ下がっていた。

「ナマステ。突然、お邪魔してすみません」

「こんなところに来てくれるなんて。狭いところですが、まぁ座ってください」

メヌカさんにすすめられるまま、僕はベッドの隅に腰かけた。アシュミタは食器棚を開け、紅茶の入った容器を取り出したが、中にはほとんど紅茶が入っていなかった。

「これで最後だね」

メヌカさんに向かってアシュミタがささやくよう言った。

容器の底に残った少量の茶葉を器用にすくい出すと、アシュミタが慣れた手つきで紅茶をつくってくれた。

「ミルクも砂糖もなくてすみません」

メヌカさんはミルクティが出せないことを詫《わ》びてきた。ネパールでは来客に対しミルクティでもてなすことが習慣となっているが、貧しい家庭にとってミルクは高い買い物だ。

見ず知らずの僕に対するメヌカさんの気持ちに、ただ恐縮するばかりだった。突然、訪ねたことを申し訳なく思いつつも、僕はメヌカさん親子と知り合えたことがわけもなくうれしかった。

メヌカさんにアシュミタが働くことになった経緯《けいい》を尋《たず》ねると、メヌカさんは穏やかな口調でこれまでの人生について語ってくれた。

「わたしはジリという村の出身です。14才の時に親同士が決めた相手と結婚しました。その後、アシュミタを産んだのですが、生まれた子が女の子であることが分かると、夫や家族からアラチニ（呪われた女）と言われ、暴力を受けるようになりました。灯油をかけられ火をつけられそうになったこともありました。今でも右手の握力がないのは、その時、棒で殴られたからです」

ヒンドゥ教社会では女性の社会的地位が低い。死後、男子が両親のために祈らなくては天国へ行けないと信じられていることもあり、男子誕生を望む声は今も多い。

メヌカさんのように女子を出産しただけでアラチニと呼ばれ、家族から暴力を受けるケースもまだあるのだから、まさに「女は三界《さんがい》に家なし」だ。

それ以外にもダウリーとよばれる結婚持参金制度も女子が生まれてくることを嫌がる一因となっている。

ダウリーは結婚の際、花婿《はなむこ》側の親の要求に従い牛や山羊、電化製品などを持参金として贈るものだ。夫の生家からの要求は結婚後も続くことがあり、要求を満たすことができず花嫁《はなよめ》が暴力を振るわれるケースが絶えない。「娘を三人持てば文字通り灰もなくなる」といわれるくらいだから、女子が生まれてくることを忌《い》み嫌うのもうなずける。

ネパールの法律では結婚は20歳からと定められていて、幼児婚は禁止されているのだが、今も農村部では幼児結婚が散見される。時には9歳や10歳という低年齢で結婚するケースもある。

今でも幼児結婚がなくならないのは、単に教育の遅れだけでなく、早い時期に家族が子どもの結婚相手を決めることで、カースト外結婚、とくに逆毛婚《さかげこん》（高位カーストの女性と下位カーストの男性の結婚）などのトラブルを防ぎ、家族や村社会の秩序を守るための策ともいえる。

そう考えると単純に因習《いんしゅう》だと決めることはできないが、一方で幼児結婚がもたらすさまざまな問題が存在することもまた事実だ。

「アシュミタは体が弱かったので、なおさら家族は毛嫌いしたのでしょう。家から追い出された私は幼いアシュミタを連れてカトマンズへ出てきました。カトマンズではアシュミタを背負ったまま工事現場や採石場、パシュミナ工場で働きました。

とはいえ、私は女ですからもらえる賃金は男の人の半分。お腹を空かせたアシュミタと一緒に毎週、火曜日と金曜日にはカトマンズのお寺へ行って炊き出しのご飯を食べていました。お供え物を食べたこともありましたし、そこで物乞いをしたこともありました。アシュミタが6歳になった時、知り合いから借金をしてリヤカーを買い、野菜を売り始めま

母娘二人で肩を寄せ合いながら暮らすアシュミタ（左）と母親のメヌカさん。アシュミタは9歳の頃から街頭でみかんを売って母親のメヌカさんを助けていた

した」

結婚後に捨てられた女性がネパール社会でどれほど苦しい生活を強いられるか想像に難くない。

出戻り女性は社会的に見下され、その多くは実家に帰ることも許されない。カースト制度で女性は不浄《ふじょう》とされ、その不浄は結婚によってのみ浄化されると信じられているため、社会は離婚により浄性が失われた寡婦《かふ》を嫌うのだ。

人を救うはずの宗教は、時に人を底なしの闇へと落とし込む。胸の奥底に抱える苦しみをとつとつと語るメヌカさんを見ていると、彼女が枕を濡らして暮らした日々が目に浮かび胸が締め付けられる思いがした。

「わたしは学校へ行くことができなかったので、なんとかアシュミタには教育を受けさせてやりたいと思い、一度、公立学校へ送りました。でも私が病気を患《わずら》ってしまい、こんな状態ですから、アシュミタは学校を辞めざるを得なくなったのです」

アシュミタの顔を見ながらメヌカさんは申し訳なさそうに話した。

ネパールの公立学校は建前上、5年生まで無償《むしょう》教育がおこなわれているが、実際には政府の財政難から運営資金が足りず、さまざまな名目で児童からお金を徴収している。
また、鉛筆やノートといった学用品の購入も貧しい家庭にとっては大きな負担だ。

病気で働けないメヌカさんに代わり、アシュミタが野菜や果物を売り始めたそうだ。
メヌカさんの行商仲間に連れられ毎朝4時にカトマンズの市場へ買い出しに行き、パタン市内の数カ所のバザールで売っているという。

「お母さんを助けたい」。そんな思いがアシュミタを突き動かしているのだろう。貧しさに負けず、たくましく生きるアシュミタを心から頼もしく思った。

「わたしは貧しくてもアシュミタと二人でいられて幸せです。こんな小さな部屋でも、あなたのように訪ねて来てくれる人がいるのですから、ここはカトマンズの王宮よりも温かいですよ」

メヌカさんは潤《うる》んだ目を隠すように微笑んだ。

その夜、僕は一睡もできなかった。

アパートに帰り、湿っぽいせんべい布団の上で両腕を頭の上でくんだままメヌカさんの苦労を自分と重ねてみた。

きっと僕なら生きることから逃げ出していただろう。メヌカさんが辛酸《しんさん》をなめながらも歯を食いしばって生きてこられたのは、きっとアシュミタというかけ替えのない存在がいたからに違いない。ならば、そのアシュミタを応援することには大きな意味があるはずだ。

アシュミタのような貧しい母子家庭の女子を支援しよう。知識によって子どもたちは大きく羽ばたくことができるはずだ。僕の心の中で教育支援の方向性が決まった瞬間だった。

資金の目処《めど》はまったく立っていない、支援の仕方も分からない。でも、なんとか力になりたいという思いだけは、何よりも強かった。

聡明な少女リタとの出会い

アシュミタから紹介されて知り合ったのが仲よしのリタだった。

リタもアシュミタと同じように貧しい母子家庭の女の子で、鈴を張ったような目が印象的だった。リタはとても機知《きち》に富んだ子で、10歳とは思えないほど話の呑《の》み込みが早く、打てば響く受け答えができる子だった。

リタが暮していたのは、母親のサラサーティさんが働くパシュミナ工場の中にある倉庫の一角だった。

カーテンで区切っただけの小さな部屋には、サラサーティさんが内職をしている編み物に使う毛糸が積み上げられていた。

「リタがまだ小さい頃に西ネパールの村からカトマンズへ逃げてきました。軍人だった夫や家族からの暴力に耐えかねたからです」

毛糸を編みながら、サラサーティさんは吐息のような声でカトマンズへ移り住んだ理由を語った。彼女もまたメヌカさんと同じように娘ばかり（リタには10歳上の姉、シタがいる）を産んだことで嫁ぎ先から疎まれるようになり、幼い2人の娘を連れてカトマンズへ逃げてきたそうだ。

「夫や家族にはダウリー（持参金）への不満もあったのです」

夫の家族からは水牛2頭、サリや装飾品などをダウリーとして要求されたそうだが、サラサーティさんの実家にはそれを満たすだけの経済力がなかった。

身よりがない中、カトマンズのカーペット工場などで働き、リタと姉の二人の娘を育ててきたという。サラサーティさんの額《ひたい》にひびのように深く刻まれた皺《しわ》が、これまで苦労を物語っているようだった。

数カ月前までは別の場所で暮らしていたそうだが、母子家庭というだけで井戸の水を汲《く》ませてもらえなかったり、酒に酔った住民が部屋の中まで押しかけて暴言を吐くなど、排他的な住民から執拗《しつよう》ないじめを受けたため逃げるように今の場所へ引っ越してきたそうだ。

女ばかりの母子家庭がいかに社会の中で弱い立場にあるのか、思い知らされた。

「カトマンズに来てからも本当につらいことばかりでした………」

サラサーティさんは編み物をしていた手を止めると、突然、堰《せき》を切ったようにこれまでの人生について、るると語り始めた。

聡明さが印象的だったリタ。彼女は貧しさに負けず努力を重ね、成長して弁護士となった

物静かな彼女が涙をぼろぼろこぼしながらとめどなく話す姿には驚いたが、僕は少しでも共感している気持ちを伝えようと話に相槌《あいづち》を打ち続けた。僕にできることは、ただそれだけしかなかった。

話を終えた後、サラサーティさんが涙をぬぐいながら、消え入りそうな細い声でぽつんとささやいた。

「聞いてくれてありがとう」

実はそれまで貧しい母子家庭を訪ねた際、ほとんどの母親が過去を語るうちに涙をこぼした。そんな母親たちの涙を見るうちに、僕は後ろめたさを感じるようになっていた。

思い出したくない過去を語ることは、傷口に塩をすり込んでいることと同じではないか。自分のやろうとしていることを正当化するために、より悪い環境で生きる人を探しているのではないか。

そんな罪悪感を持つようになっていたのだ。しかし実際はそうではなかった。彼女たちはそれまで一人で背負い続けた苦悩や持って行き場のない思いを誰かに打ち明けたい。そんな思いを胸の奥にしまい込んでいたのだ。

少女を襲う人身売買

数年前、リタとシタ姉妹は人身売買の危険にさらされたことがあったそうだ。周旋人《しゅうせんにん》が二人の姉妹を連れ出そうとした当日、長女のシタが「お母さんと離れたくない」と泣き叫んで拒んだため、周旋人の男が根負けしてことなきを得たそうだが、もしかしたら、と考えただけで背筋が凍る思いだ。

ネパールでは毎年、7000人以上の少女がインド（インド人とネパール人は互いに旅券なしで両国間を移動できる）に売り飛ばされている。その多くがボンベイなどの大都市の売春窟《ばいしゅんくつ》で娼婦《しょうふ》として働かされ、客がつかなくなる年齢に達したり、HIVなどの病気にかかったりして使えなくなるとネパールに返されるそうだ。

人身売買の手口もさまざまで、親切を装う周旋人が「お金持ちの家で働けば学校にも行ける、親に仕送りをして助けることができる」と言って、貧しさから抜け出したい親の射幸心《しゃこうしん》や、親を助けたいという少女の孝行心を上手くあおるなど、手練手管《てれんてくだ》を弄《ろう》して少女たちを連れていくようだ。純真で無知な少女たちが、甘い言葉に夢を抱く姿が容易に想像できる。

「カーペット工場に出入りする行商人でした。重い荷物を運ぶのを手伝ってくれたり、こまごましたことを頼んでも相談にものってくれて、すっかり信用していました。工場で働く人たちからも評判がよかったものですから。今も信じられませんが……」

後日、男が国境付近で逮捕されたことを工場主から聞くまで、彼が人身売買を業《なりわい》としていたことにまったく気付かなかったそうだ。そして今もなお、信じられないといった感じだった。それだけその男が巧みだった証拠だろう。

純朴な村の人々は、教育がないゆえになおさら人を疑うことを知らない。

お金を稼げる上に子どもは学校にも行ける。豊かで自由な生活を手に入れることができる。親切を装いながら近づいてくる周旋人の甘い言葉を鵜呑《うの》みにした結果、娘たちを塵界《じんかい》へと送り出してしまうのだ。もちろん時には口減らしの思惑も働くのだろう。小さな少女たちを待ち構える苛烈《かれつ》な運命など知るはずもない。

燃え広がる思い

リタはベッドの上に座って毛糸を編みながら膝《ひざ》の上に置いたボロボロの本を熱心に読んでいた。

ベッドの角に置かれ古びたインド製のラジオからネパールの国民的歌手、故ナラヤン・ゴパールの哀愁《あいしゅう》たっぷりの歌声が流れてきた。ラジオの歌に合わせてリタが無邪気に口ずさんだ。リタの可憐《かれん》な歌声に胸がぎゅっと締め付けられる思いがした。

リタとアシュミタ、二人の少女との出会いは単に支援の方向性が定まっただけでなく、僕自身の生き方や考え方にも大きな影響をもたらした。

人との出会いは人生の財産だという。誰とどう過ごすかで人生は大きく変わる。貧しい中でも明るく生きる二人と過ごす時間は、僕にたくさんの気づきと希望を与えてくれた。

その後、母子家庭の訪問を続ける中でたくさんの少女と知り合った。

みんな貧しい環境にありながらも底抜けに明るく、思いやりに満ちた子ばかりだった。不遇《ふぐう》をかこつこともなく、ひたすら明日を信じて明るく生きる彼女たちの姿に心を打たれる日々だった。

なんとしても彼女たちを応援したい。毎日のように友人や知人を訪ね、綿々《めんめん》と思いの丈《たけ》を訴え続けた。

しかし、思いつきの計画に賛同を得られるほど現実は甘くなかった。「自業自得《じごうじとく》だから母子家庭の奴らに手を差し伸べる必要はない」とか「男子を産めないアラチニ（呪われた女）を助けたら罰が当たる」と言う人までいた。同じネパール人なのに……そんなことを思いながらも、彼らの中にカーストによる分断社会が存在することを痛感した。

うなだれたまま、ため息をついてアパートに帰る。そんな日々が続いた。

何度も諦めかけたが、そのたびに彼女たちの天真爛漫《てんしんらんまん》な笑顔と勉強したいという強い思いに突き動かされた。自分がネパールへ来たこと、ネパールで青春をかける決心をしたこと、そして彼女たちと出会ったことは運命なのだと自分自身に言い聞かせながら、周囲に粘り強く訴え続けた。

ヒマラヤ青少年育英会を設立

「やれるだけのことをやればいいよ」

ある日のこと。当初は「無理なことはしないほうがいい」と言っていた下宿先の主人であり、僕をネパールへ誘ってくれたダルマさんと奥さんのニルマラさんが協力を申し出てくれた。ダルマさん夫妻の言葉にどれだけ励まされたか名状《めいじょう》しがたい。その一言で運が好転したのか、その後、ぽつりぽつりと話に耳を傾けてくれる人や協力を申し出てくれる仲間が現れるようになった。

「お金はあまり出せないけど、何でも手伝うよ」

「日本人の君がネパールのためにやっているのに、僕も何かやらなければ」

そんな力強い言葉をかけてくれる人もいた。さらには知人を通して知り合ったパタン市のバジュラチャルヤ市長（当時）も協力してくれることになった。

社会の中で母子家庭に対する偏見が根強く残る中、支援の必要性を感じているネパールの人達が少なからずいるという事実が何よりも心強かった。

こうしてバジュラチャルヤ市長を会長に、下宿の主人であるダルマさんと友人のバイデさん、EUの国際協力のプロジェクトリーダーをしていたビスタさんなど、活動や友人、知人を介して知り合った7人の仲間と共にわずかな基金を持ち寄って「ヒマラヤ青少年育英会」を設立。アシュミタとリタを始め、2人の紹介で知ったジェニシャ、ジーナ、ディパ、シュリスティ、マンナ、ディナ、スジタ、マヤ、マニシャ、ロジナの12人の女子の就学支援から、僕たちの教育支援活動は始まった。それぞれ貧しい母子家庭の環境にありながら、教育に大きな夢を描く、志の高い女の子たちだ。

奨学生少女たち。みんな貧しい母子家庭の環境にありながら、大きな志を持った子どもたちだった

先のことはまったく分からない、十分な資金もない。まさに時化《しけ》の荒波の中での船出だったが不思議と不安はなかった。

もとは思いつきで始めたこと。できるところまで突っ走っていくのみ。そんな思いで教育支援活動は始まった。

直面した課題

その後、医療活動の支援者の中からも教育支援に協力してくれる人が現れ、1年後には奨学生の数が25人に増えた。

とくに最初に支援をした12人の第1期生がよく頑張り、ほかの奨学生を上手くまとめてくれた。誰かを支え、誰かのために役立っていると実感した時、人は生きがいを知るのだろう。役割をどんどん与える中で、彼女たちの成長していく様子がはっきりと分かった。この時点では未だこの先に学校開校があるとは夢にも思っていなかったが、彼女たちのひた向きに頑張る姿が大勢の人の心に響き学校開校へとつながったのだから、ヒマラヤ小学校開校の本当の立役者は彼女たちだと思う。彼女たちと重ねたさまざまな体験も、小学校を開校した際、大いに役立つことになった。

こうして順調に進んでいた教育支援活動だったが、活動を続ける中で僕たちは2つの大きな課題に直面した。

ひとつは「支援者と奨学生の距離」。もうひとつは「親の協力が得られない」という課題だった。

支援を始めた当初、集まった浄財は基金として扱い、支援者全員ですべての奨学生を支援するという形をとっていた。

しかし、これでは基金で何人の奨学生を支援したということは分かっても、奨学生ひとりひとりの顔や気持ちが支援者に伝わらない。奨学生にとっても誰に応援してもらっているのかが見えないため、支援者と奨学生がお互いに気持ちを通わすことができない。貧しい子どもに資金的な応援をするだけで果たしてよいのだろうか……そんな疑問が生じてきた。

子どもたちは物が欲しい訳でもお金が欲しい訳でもない。みんな自分の存在を認めてほしい、と願っているのだ。だからこそ支えてくれる人の顔と気持ちを知る必要がある。

たとえ言葉の壁があったとしても支援者と奨学生が直接コミュニケーションを取ることで、お互いの気持ちが直に伝わるようにしたい。そう強く思うようになっていった。

お互いの顔が見える支援

みんなで考えた結果、ひとりの支援者がひとりの奨学生を直接支援する、里親と里子の関係を構築することになった。

基金の名前も「里親教育基金」とし、支援者に奨学生をひとりずつ割り当て、手紙の交換などで交流を深めてもらうことで、お互いの顔が見えるようにした。

この制度を始めたことで支援者から「子どもを身近に感じる」といった、よい反応をたくさんもらった。奨学生たちも遠く日本から自分を応援してくれる人がいる、という事実が大きな励みになった。

しかし、その一方で「陰から応援したい」という人や「返事が書けないから手紙はもらわないほうが楽」という人もいて課題は完全に克服できた訳ではないが、それでもお互いの顔が見えるということが、この活動で一番大事だと今も信じている。

もうひとつの課題である、親の協力が得られないという課題は今もなお続いている。

貧しい家庭にとって子どもを働かせることは生活費を得る手段だ。いくら教育が大事だと声高らかに訴えても、実生活で窮状《きゅうじょう》を抱えている人々にとっては猫に小判のようなもの。また長年のカースト制度によって、教育はその階級の者が受けるものだ、という考えが定着していることもあり、子どもを学校へ行かせる必要性を感じない親が多いのだ。

「学校へ行ってもお腹が満たされるわけではない」。そう言われるたびに活動の難しさを痛感した。

アシュミタやリタたちのような貧しい家庭の子が学校へ行けたのは、母親の理解があったからだ。教育が現状の苦しみから救い出してくれると信じればこそ、貧しさに耐え、子どもを学校へ送ることができるのだ。

しかし、窮状を抱える中で無理やり子どもたちを学校へ行かせるわけにもいかない。たとえ行かせたとしても途中で退学してしまうのが関の山だ。親を説得し理解してもらうにも相当な時間がかかる。

一体どうすればこの課題を解決できるのだろう……学校へ行きたいと夢を語る子どもを前に

座視《ざし》することは到底できなかった。

元ハンセン病患者ラムさん

山の上の村へ往診に出かけたある日。村からカトマンズ盆地を眺めていると、麓《ふもと》に広がる村の集落の外れにぽつんと建つ小さな建物が目に入った。

村人に尋《たず》ねるとハンセン病回復者の療養所だという。どうしても気になって仕方ない僕は知人を頼り、療養所を訪ねてみることにした。

ネパールのハンセン病患者は長きにわたり偏見や差別を受け、筆舌《ひつぜつ》には到底尽くせないほど苦しい人生を送ってきた人たちだ。ハンセン病は前世からのカルマ（因果）による発病と信じられ、「不浄」のスティグマ（烙印《らくいん》）にもだえ、苦しみ、圧《あっ》され続けてきた。ハンセン病の制圧宣言が出された今も、故郷へ帰れない人がたくさんいると聞く。当然、療養所で暮らす人々は無数の苦しみを背負い、表情も気持ちも暗く沈んでいるだろうと思った。

しかし、実際に訪ねてみると彼らは底抜けに明るく、鬱屈《うっくつ》した心情が微塵《みじん》も感じられないのだ。いつの間にか療養所で治療をし、彼らと話すことが僕の楽しみとなっていった。

療養所の中で一番、仲よくしていたのがラムさんだった。

ラムさんはシンドゥパルチョーク郡の出身で幼い頃ハンセン病にかかり、以来、療養所で過ごしてきた人だ。手足は拘縮《こうしゅく》して変形し、顔面には獅子面《ししめん》が現れるなど社会的なスティグマを抱えている。ラムさんは自身の人生についてあまり多くを語らなかったが、これまで相当な差別と偏見を受けて来たことは容易に想像できた。

ラムさんは日中、街へ出て物乞いをしてい

社会のスティグマに圧せられながらも、明日を信じて明るく生きる元ハンセン病患者のラムさん。ラムさんの生き方から多くのことを教わった

た。

「恵んでくれた人の顔は忘れないよ。みんなが幸せになれるように毎朝、神様に祈るんだよ。俺が祈っても神様は聞いてくれないかもしれないけどね」

ラムさんは、昨日の稼ぎだと言って笑いながら空き缶に入った小銭を見せてくれた。

苦しい現実の中でも、常に明るく前向きに生きるラムさんに傾倒した僕は、活動がなかなか進まないことを、いつの間にかラムさんに愚痴《ぐち》るようになっていた。

愚痴を聞いたラムさんは、うんとうなずいた後、明るい笑顔で話し始めた。

「俺には手足の指もないし、顔だってこんなんだよ。でも、こんな俺だってアサ（希望）を持って生きているよ。今日よりも明日のほうがきっといい日になるって。何事も希望を持っていりゃ、ノープロブレム。ははは」

ラムさんの話を聞いた時、目頭がじーんと熱くなった。

自分の幸福を人と比較して判断することは愚かなことだ。それでもラムさんよりもはるかに自由な環境に生まれ育ち、社会のスティグマに圧せられたこともないのに、自分の思うように行かないことを社会のせいにし、ため息と愚痴をこぼしてばかりいたことをとても恥ずかしく思った。

その時、初めて自分が自己保身に徹していたことに気づかされた。

その日を境に僕はあれこれ悩むことを止めた。悩むことで解決できることはひとつもない。それなら悩む前にまず行動を起こそう。分かりあえないところからすべてをスタートしよう。そう決心した。

ラムさんは2015年、ネパール大震災直前に亡くなった。生前、「死んで灰になったら、ようやく故郷に帰ることができるよ」と笑っていたラムさんの言葉を思い出すと今も涙がこぼれてくる。ラムさんはきっと今頃、故郷の村に戻り心穏やかな毎日を過ごしているにちがいない。そう信じている。

ジェニシャとジーナ姉妹

ある日、里親教育基金の第一期奨学生、ジェニシャ（10歳）と妹のジーナ（8歳）から、どうしても明日、家に来てほしいと連絡があった。

ジェニシャとジーナはゴマ油をつくるカーストに属する貧しい母子家庭の姉妹だ。父親は1990年の民主化運動の際、警察の発砲を受け死亡したという。

「あの日のことがなかったら、まだ少しはましだったかもしれません」

初めてジェニシャとジーナの家を訪ねた時、母親のラクシミさんは壁に貼ってある色褪《あ》せた家族写真を見つめながら、目を潤《うる》ませて話した。突然2人の子を残して夫が先だってしまい、路頭に迷ったラクシミさんは収入の少ないゴマ油づくりをやめ、ロキシーと呼ばれるネワール族の伝統的な酒をつくって販売することにした。

ロキシーはシコクビエや米、黒砂糖、果物を米こうじで発酵させてつくる蒸留酒《じょうりゅうしゅ》で、祭りや人生儀礼では欠かすことのできないお酒だ。ロキシーづくりは日々の生活の一部としてネワール族の家庭で受け継がれ、製造すること自体は問題ないのだが販売することは禁止されている。

禁止されていると分かっていながらも、教育を受けていないラクシミさんが2人の娘を養って生きていくためにはロキシーを売る以外に道はなかったのだろう。人間は何をやっても、なんとしても生きていかなければならないのだ。

「ロキシーを売っていることを知って親類はみんな私たちを避けるようになりました。一族の行事にも呼ばれなくなりました」

社会の秩序を乱す者にとってネパール社会は容赦なく厳しい。ある時は客から値段が高いと言いがかりをつけられ、客の通報で押し入った警察にロキシーづくりに必要な素焼きの壺をすべて割られたこともあったそうだ。

何度となくそうした嫌がらせを受けながら、ラクシミさんがこれまで歯を食いしばって生きてきたのは、ジェニシャとジーナという2人の娘を守るという強い意志を持っているからだろう。まさに「女は弱しされど母親は強し」だ。

姉妹に言われた通り、パタンの古い集落にある彼女たちの借家を訪ねた。

狭い路地を抜け一間きりの小さな部屋に入ると、ジェニシャとジーナのほかに4人の見知らぬ子どもたちが集まり、蝋燭《ろうそく》の灯りを頼りに床に置いた紙に向かって黙々《もくもく》と文字を書いていた。

「この子たちに字の読み書きを教えているの」

ジェニシャとジーナ姉妹は学校に通っていない近所の子どもを集め、字の読み書きを教えているというのだ。何かにつけ姉の真似をするジーナは、木の枝を指示棒代わりに先生気取りで子どもたちを指導していた。

「私たちも何かしたいって思って」

ジェニシャの言葉を聞いた時、胸の中にさわやかな風が吹いた。

困っている子どもたちのためにできることは何か、ジェニシャ姉妹は自ら考え行動を起こしたのだ。母親のラクシミさんも授業に参加して字を習っているという。

その瞬間、「これこそ今のネパールに一番必要なものだ！」と思った。

学校へ行くことは難しくても、夕方の30分や1時間程度の識字教室なら誰でも参加できるはずだ。たとえ短時間でも、子どもに自由な環境をつくりたい。

「わたしも何かしたい」と近所の貧しい子どもたちに字を教える奨学生のジェニシャ。彼女の行動が寺子屋をつくるきっかけとなった

僕は矢も楯《たて》もたまらず寺子屋をつくるための行動に移った。

初めての寺子屋

僕が初めて寺子屋を開校したのはパタン市郊外にあるシッディ村の寺院の一角だった。はたしてどれだけの子どもが集まるか不安でいっぱいだったが、予想を超える50人の子どもが集まり、部屋は一瞬にして子どもたちの学びの熱気で満たされた。みんなレンガ工場やカーペット工場などで働く子どもたちだ。仕事を終えた彼らが汗まみれの顔を光らせながら、瞳を輝かせて寺子屋に集まる姿を見ては、気持ちが昂《たかぶ》っていた。

「学校ってどんなところ？　サッカーって何？　学校に行ったらダンスが上手になるの？」

子どもたちから聞こえてくるのは、いつも学校という未知の世界に対する憧れの声だった。

「いつか学校で勉強したい」

さざ波のように広がっていく子どもたちの夢を実感する内に、いつしか僕の心の中で学校開校の夢が芽生えていた。

みんなで学べる学校をつくりたい。知識によって彼らを大きく羽ばたかせたい。でも、それは夢のまた夢。今はとにかく寺子屋をたくさんつくって読み書きができる子を増やそう。自分にそう言い聞かせ、心が沸《わ》き立つ思いを落ち着かせる毎日だった。

第4章

学校をつくりたい

クラーク記念国際高校との出会い

いつかみんなが一緒に学べる学校をつくりたい。そんな夢を心の片隅に描きながら活動を続けていたある日のこと。

長年にわたり医療活動を応援してくれている支援者から、クラーク記念国際高校の先生を紹介され、一時帰国した際に会うことになった。

クラーク記念国際高校は生徒数1万人を超える広域通信制の高等学校で、全国各地にキャンパスがあり、学校長は世界七大陸最高峰から滑走した冒険家でありプロスキーヤーの三浦雄一郎さんが務めている。

三浦校長が2003年、世界最高齢となる70歳でのエベレスト登頂を目指し、ヒマラヤのゴーキョーピークへトレーニングに行くことが決まり、5人の生徒が同行することになったので、下山の際に生徒たちを社会勉強になる場所へ案内してほしいということだった。

学校では地球全体を教室と捉え、異文化理解や国際協力、環境保護を体験的に学ぶ「地球教室」を立ち上げ、その準備を進めているところだった。

多感な時期の高校生が異国を訪ね言葉も通じない環境に身をおくことは、日本では得られない大きな学びや気づきがたくさんあるはずだ。

僕たちが生きるこの世界がどういうものなのか、高校生が自分の目で見て体験すること、そして相手をよく観察して、一体どの「言葉」が本当に通じるのか真剣に考えることは、きっと彼らの人生にとって大きな力となるはず。とくにスケールの大きいヒマラヤの自然の中で生活すれば、生きることの厳しさも素晴らしさも実感できる。

常々、ネパールの貧しさの現実を日本の若者に知って欲しいと思っていた僕は喜んで承諾《しょうだく》した。

社会見学と交流活動

ゴーキョーピークから下山したクラーク生を案内したのは、カトマンズにある孤児院と「里親教育基金」の奨学生のリタやアシュミタが通っていたパタン市内の小学校だった。

孤児院は後にヒマラヤ小学校の教員として活躍したマナ・マヤ・グルンさんも暮らしていた施設で、さまざまな理由でネパール各地から集まった孤児が暮らしている。関係者から聞く厳しい現実に、クラーク生たちは驚きを隠せない様子だった。

その後、パタン市内の公立小学校で開催した交流会では、小学校の子どもたちが得意のダンスや歌を披露《ひろう》してクラーク生を歓迎した。貧しい中でも底抜けに明るい子どもたちの姿にクラーク生はそれぞれ何かを感じたようだ。別れ際、一人の生徒が僕に話しかけて来た。

「絶対に何かします」

その顔は、何かを決心したような力強さであふれていた。

コーヒー1杯節約運動

しばらくするとクラーク記念国際高校の先生からうれしい連絡が入った。日本に帰った生徒たちがすぐに行動を起こしてくれたというのだ。

生徒たちが起こした行動はコーヒー1杯分のお金を募金するというものだった。お菓子やジュースを買うのをやめ募金箱に入れてくれた生徒、中にはその日の弁当代をそのまま募金箱に入れて昼食を抜いた生徒もいたそうだ。

彼らはこの活動を「コーヒー1杯節約運動」と名付け、数カ月にわたって募金を呼びかけてくれた。遠く日本で行動を起こす若者がいる。この事実がどれだけうれしかったか言葉に尽くすことができない。

翌年2月、「コーヒー1杯節約運動」で集められた浄財が贈られた。支援活動で大切なことは「誰が、どんな気持ちで」という部分が受益者に伝わることだ。僕たちは受け取った浄財からクラーク生のメッセージ付きの学習ノートをつくり、交流をおこなった学校の子どもたちに配った。

メッセージを記載したからといって、すぐにクラーク生の気持ちが伝わるわけではない。それでも繰り返し、その気持ちを伝える努力をすることが大事だと思う。クラーク生の気持ちが子どもたちの心にじわじわと沁《し》みわたっていけば、いつかそれが力となるはずだ。

夢のヒマラヤ小学校計画が始まる

「もっと何かしたい、役に立ちたい」

クラーク生のネパールに対する熱意はとどまることを知らなかった。勇気をもって踏み出した小さな一歩がネパールの子どもの役に立った。この事実が彼らを突き動かしたのだと思う。

米国の精神学者、エリック・エリクソンは、「人は何かに、誰かに、必要とされることを必要とする」と語っているが、きっとクラーク生も自分が必要とされることにやりがいを感じたのだろう。

その後、生徒の熱い思いを知った三浦雄一郎校長から、「僕は世界一高いエベレストを目指すから、世界一面白くて夢のある学校を一緒につくろう」と声をかけてもらい、学校建設の夢が始まることとなった。

その活動は「チャリティネパール」と名付けられ、全国にあるクラーク記念国際高校のキャンパスで学校建設に向けた募金活動が始まった。雨の中、街頭に立って募金を呼びかける子、家庭の余剰《よじょう》品をチャリティ販売してくれた子、学校建設の必要性をまとめた資料をつくってくれた子など、それぞれのクラーク生の熱い思いが大きなうねりとなり、学校建設に向けた募金活動は大きな広がりを見せて行った。

夏の暑い日に触れた少年の気持ち

募金活動は時間の経過と共に熱がさめ、人々の関心が薄くなって行くのが常だ。初めのうちは生徒有志やプロジェクトチームの先生たちの努力によって目標の500万円に向け順調に集まっていた募金だったが、しばらくすると当初の勢いがなくなって来た。「日本にも困っている子はいる。学校なんて国がつくるものだ」とか「そんな計画、すぐに立ち行かなくなる」といった厳しい意見も寄せられ勢いは更に弱まってしまった。

募金活動が行き詰まりつつある中、現場の生の声を聞いてもらおうとネパールから留学生を日本に送り学校建設の必要性を訴えることになった。

白羽の矢を立てたのはヒマラヤ青少年育英会で当時、児童労働の調査をおこなっていた学生部のナリシュマ（当時17歳）だった。クラーク生と同世代の彼女なら、きっとクラーク生と共に活動を推し進めることができるはずだ。

そう考えた僕たちはナリシュマを日本へ送ることに決め、僕も彼女に同行することとなった。

ナリシュマはそれまで自分自身で調べた児童労働の実態などを踏まえ、日本各地のキャンパスや募金会場で学校建設の必要性を力強く訴えた。その声は多くの人の共感を呼ぶことになった。

２００２年７月20日、僕はナリシュマと共に兵庫県明石市の明石公園で開催された学習塾の夏祭りに参加した。

夏祭りではナリシュマによる募金の呼びかけと共に、音楽家によるチャリティ演奏会などがおこなわれ大盛況となった。僕は募金箱を抱えて、公園に集まった人々に協力を呼びかけた。

汗みずくになりながら募金箱を抱えて立っていると、自転車に乗った３人の少年が僕の前を通っていった。３人はそばにあった自動販売機の前で止まると、ポケットから小銭を取り出しジュースを買おうとしていた。先頭にいた男の子がお金を投入口に入れようとした時だった。

「俺、やっぱり募金するわ」

突然、少年はジュースを買うのをやめ、僕の持っていた募金箱に百円玉を入れてくれたのだ。

「俺も入れるわ」

ほかの２人の少年もそれぞれジュースを買うのをやめて募金箱に百円玉を入れてくれた。僕が何度も「ありがとう」というと、3人は照れ笑いを浮かべながら軽い会釈《えしゃく》をして、その場を後にした。

飲みたいジュースを諦《あきら》めて募金箱に百円玉を入れてくれた少年の思いに、心を揺さぶられる思いがした。彼らの純粋な思いを大切にしたい。そして必ず彼らの思いに報いたい、そう強く思った。

もし僕自身が募金活動に参加していなかったら、協力してくれた人たちの思いを実感することはできなかったかもしれない。どんなことがあっても学校を守ろうと思えるのは、こうして協力者の思いを実感できたからだ。募金活動はその後も全国各地でおこなわれ、2003年5月までに300万円という大きな浄財が集まった。

2003年5月、三浦雄一郎さんは世界最高齢（当時）の70歳でエベレスト登頂という偉業を達成した。

「一歩ずつ歩いて行ったら、世界のてっぺんにたどり着くことができた」

登頂を果たした三浦さんの言葉が胸に響いた。

いかなる成功も最後の目標に一足飛びにたどり着くわけではない。すべてはこつこつと地歩《ちほ》を築いた結果なのだ。

三浦さんでさえ、エベレスト登頂までには5千メートル、6千メートル、7千メートルのヒマラヤを登っては降りるという地道なトレーニングの積み重ねがあった。目に見えて測れない血のにじむ努力の上に、エベレスト登頂成功はあるのだ。この事実を子どもたちに伝えたいと思った。

調印式典で宣言

エベレスト登頂を果たした三浦雄一郎さんがカトマンズに下山することを知った僕たちは、三浦さんが宿泊するホテルを訪ね、学校建設の調印式典参加をお願いすることになった。

ホテルを訪ねた時は、ちょうど到着したばかりで靴下を脱いでいる途中だった。

登頂、下山、取材対応と息つく暇《ひま》もないほどのスケジュールでお疲れだったにも関わらず、三浦さんは嫌な顔ひとつせず話を聞いてくれた上に、1週間後の調印式典への参加を快諾してくれたのだ。

２００３年５月31日、パタン市内にあるアチェスヲール・マハ・ビハール寺院において、ヒマラヤ小学校建設に関わる調印式典を開催した。

式典には日本大使を始め日本、ネパール両国の政府関係者など大勢の人が集まった。式典の中、僕は聴衆に向かって声高らかに宣言した。

「一歩ずつ歩いて、世界一夢のある学校を目指します」

雲の合間に見え隠れする神々の峰。僕はそのはるかなる頂きを目指す登山家になった気分だった。ネパールへ渡って５年、27歳の時だった。

世界最高齢でエベレスト登頂を果たした三浦雄一郎さんを迎え、2003年5月31日、パタン市内の寺院でヒマラヤ小学校の調印式典を開催

学校建設への準備が始まる

調印式典が無事終わり、いよいよ本格的な学校建設プロジェクトが動き始めた。まずは場所の選定だ。

「自然に囲まれ、子どもたちがのびのびと学べる場所」というのが、僕の中の絶対条件だった。屈託《くったく》なく高揚《こうよう》した自然児が弾けるような笑顔を浮かべながら丘を駆け上って登校する。そんな青写真を描いていた。

木の匂いや葉っぱが風に揺れる音、土の色、鳥や虫が飛び交う姿、日本と比べると決して鮮明とはいえないネパールの四季の移ろいでさえも全身で感じることができるような場所。人間の感性は自然によって育てられる。感性が育てば必ず寛恕《かんじょ》の心が生まれ、カースト制度が色濃く残る社会の中で人との新たな交わりを生む力になる。

そう信じればこそ、ネパールの自然の力を最大限生かしたいと思った。何よりも自然と親しみ、のびのびと発見や思考を追求できる環境で子どもを育てたいと思った。真に優れた人は、きっと成果主義やエリート育成の中で育たないはずだ。

もうひとつ譲れない条件があった。それは「支援者との交流が可能な場所」だった。日本の支援者を始め世界中の若者が集い、子どもたちと共に学び合う場所にしたいと思った。

へき地の教育環境を改善したいという思いがどれだけ強くても、歩いて数日もかかるような場所では交流が難しい。まずは交流に支障のないカトマンズ盆地周辺の村に学校を開校させ、いつか学校運営で培《つちか》ったノウハウをへき地の教育改善に役立てる道を選ぶことにした。

ヤッギャ先生との出会い

理想の適地を求め村々を訪ねる日々が続いた。

そんなある日、当時のパタン市長でヒマラヤ青少年育英会の設立メンバーの一人、バジュラチャルヤ初代会長から、「ブンガマティ村はどうだ？」という打診《だしん》があった。なんでもブンガマティ村に信頼のおける人がいて、その人が学校建設に強い意欲を持っていると言うのだ。

ブンガマティ村は往診《おうしん》治療で通っている村でもある。

緑に囲まれた小さな村で、そこから眺めたヒマラヤの美しさに感動したことがあるくらい抜群の自然環境だ。カトマンズからもそう離れていないため交流にも支障《ししょう》はない。村の教育が遅れていることも見聞きしていた。

早速、バジュラチャルヤ会長のいう〝信頼できる人〟と会ってみることにした。

実はその時が、後にヒマラヤ小学校を黎明期《れいめいき》から支え、学校の基礎づくりに尽力してくれたヤッギャ・シャキャ初代校長との初めての出会いだった。

ヤッギャ先生は過去に中学校での教員経験もあり、パタン市役所を始め国際NGOなど複数の組織で働いた経験を持っていた。出会った当時はネパールの大手食品メーカーの工場でマネージャーを務めていた。


初対面のヤッギャ先生の印象は几帳面で誠実な人だった。手帳にびっしりと書き込まれた字や約束の時間をきちんと守るところなど、僕の知るネパール人にはないものを持ち合わせていて驚いた。それに話がとても論理的で分かりやすく、良識に裏打ちされたユーモアもある。

何よりも学校開校への熱意とビジョンをしっかり持っていることが頼もしかった。校長になった際の給与が現職より安くなることについても、まったくものともしない姿勢には驚くばかりだった。

たった1時間あまりの話し合いだったが、この人は〝ほんもの〟だと思った。そして、この人と一緒に学校をつくりたいと心から思った。

のびのびと学べる豊かな自然環境、交流に支障のない距離、ヤッギャ先生という頼れる存在。すべての好条件がそろったことでブンガマティ村が学校建設地に決まった。

一目で気に入った場所

ネパールは2008年、政変によって立憲君主制から連邦共和制へと移行した。それに伴い教育改革プログラムが実施され、1年生～8年生までが基礎教育という位置づけになったが、ヒマラヤ小学校を開校した当時（2004年）は、小学校5年、中学校3年、高校2年の5-3-2年制で、10年生が修了する時に全国統一の中等教育修了試験（SLC）を受け、その結果によってさらに2年間の専門コースへと進む制度だった。

ヒマラヤ小学校は初等教育の5年までを開校する計画となった。

また、開校時は幼稚園2クラスと小学1年の3クラスからスタートし、以後、毎年1クラスずつ増やし、将来的には幼稚部3クラスと初等部1～5年生までの計8クラスを開校する計画がまとまった。

子ども一人ひとりとしっかり向き合うためには、小さな学校であることが大事だ。1クラス15人程度として児童数は100人程度と想定した。

将来、100人の子どもが学ぶ予定の校舎は平屋が希望だったが、その分、土地を広く確保する必要があるため、校舎は2階または3階建てとした。

校庭は子どもたちが最低限、走りまわれる広さがあればよいと考え、300坪程度の土地を探すことにした。校庭は広いほうがよいのだが、小さくてもまわりに公共の広場などがあれば、それで十分代用できると考えた。

村人の協力でいくつも土地を見せてもらったが、どの土地もピンと来なかった。メンバーの中には、「いくつまわっても同じだから、もう決めたら」と言う人もいたが、絶対に妥協《だきょう》したくなかった。

しばらく経ったある日、ヤッギャ先生から村の外れに土地があるとの連絡を受け、見に行くことになった。

その場所は村の中心から10分ほど歩いたところにある階段状の傾斜地で、当時は棚田だった。水田にはぶんけつしたばかりの青々とした苗が風にそよいでいた。

土地の西側が大きく開け一望千里《いちぼうせんり》の眺めが広がっている。北と南側は田んぼ。東側には小さな森がある。舗装されていないが一応、車が通れるくらいの道があり、郡の都市計画ではいずれ道路の拡幅《かくふく》がおこなわれる予定だという。

土地の面積は約150坪。計画よりも小さいが、将来的に周囲の土地を購入することができれば300坪を確保することも可能だ。

この土地を見た瞬間、ここだ！と直感した。

思い描いていたすべてがここにあった。この場所で学校を開校させたい。値段もよく聞かないまま、どうしてもこの土地を購入したいとメンバーに伝えた。

メンバーの中には予算をオーバーしていることや、棚田の造成に費用がかかることなど反対意見が多数あったが、僕はどうしてもこの場所で学校を建てたい、と訴えつづけた。

あまりの熱意に根負けしたのか、結局、最後にはメンバー全員が認めてくれることになり学校建設用地としてこの土地を購入することが決まった。

購入が決まってから皆で泥んこになりながら測量をおこなった。学校開校の噂《うわさ》を聞いた村の子どもたちも集まり作業を手伝ってくれた。蛭《ひる》にたくさん噛まれたことも今では楽しい思い出だ。

この棚田から果たしてどのような形で校舎ができるだろうか。開校した学校のことをあれこれ想像するだけで心が浮き立つ思いがした。

雨上がりの空がゆっくりと明るくなるように一歩ずつ、本当に一歩ずつ、学校開校の夢は実現に向け進んで行った。抑えきれない胸の高鳴りと高揚感が僕の体を包み込みこんでいた。

校舎の建設が始まる

学校建設に向けた募金はクラーク生有志や先生たちの必死の努力にもかかわらず、残念ながら当初の目標であった５００万円の資金に達しなかったため、調印式までに集められた３００万円（１９１万７５２０ルピー）の浄財を元にできるところまでつくることになった。

その結果、予定していた敷地面積の半分にあたる150坪の土地の購入と基礎部分を含めた1階（4教室）のみをつくることになった。

資金に余裕がないためできる限り工費を安く済ませるよう知恵を絞らなくてはならない。可能な限り建材を安く仕入れ、効率的に作業を進めることで労賃を節約する。

労賃よりも高くついてしまう重機などの建設機械は使わないことにした。現場監督はヤッギャ先生が務め、資材は自分たちで調達。建設現場で働いたことのある村人を集めて工事を進めることにした。

その他、僕を含めメンバーが工事を手伝うことはもちろん友人や知人にも労働奉仕を呼びかけた。里親教育基金の奨学生有志も休みの日に手伝いに来てくれることになった。

ゆっくり進む工事

まず切土《きりど》や盛り土《もど》など棚田の造成工事が始まった。

日本ならショベルカーやブルドーザーなどの重機を入れてあっという間に完成させてしまう

ところだが、すべて手作業の人海戦術。しかも何事もあわてないネパール人の習慣もあって、恐ろしいほどの非効率で工事はゆっくり進んでいった。

もし日本人だったら、たとえ重機がなくても全員が知恵を絞り、効率よく短時間で仕上げてしまうのだろうが、そもそも悠久《ゆうきゅう》の時の流れの中で生きる人々にとって効率とか合理性というものは通用しない話なのだ。

砂利を運ぶ作業でさえ、一人がスコップで砂利をすくうと、もう一人がスコップにしばりつけたロープを引いて2人一組でモッコへ入れ、それを別の一人が2メートル先へ運ぶのだから、効率がよいのか悪いのかわからない。

しかも村で雇った工夫《こうふ》は来たり、来なかったりといった感じで、まったく予定通りに工事が進まずヤキモキすることもあったが、そんな時は現場監督を務めたヤッギャ先生が機転を利かせ、その場にいる人員でできる作業を考えだし、祭りの日を除き1日も停滞させずに工事を進めることができた。ヤッギャ先生の律儀さと処理能力の高さ、対応力には感心するばかりだった。

僕自身、穴掘りやコンクリートの打設《だせつ》など慣れない作業で手こずることも多かったが、石を運び出し、穴を掘り、生コンを運び、レンガを積み上げる、これらひとつひとつが学校開校につながっていると思うと、まったく苦労を感じなかった。むしろ建設工事に関わったことで学校への思いはどんどん強くなっていった。この時の体験は、後に支援活動において〝参加すること〟の重要性に気づくきっかけにもなった。

日本からの救世主

なんとか基礎工事ができ上がった頃、うれしい報せがあった。クラーク記念国際高校の生徒13名が建設の手伝いに来てくれるというのだ。それも全国の7キャンパスから参加してくれるという。

学校建設のために募金活動をしてくれた生徒が実際に現場まで来て、学校建設を手伝ってくれるというのだから、これほど心強いことはない。彼らが建設作業に参加することによって、〝誰がどんな思いで応援しているのか〟という大事な部分が村人に伝わることになる。

クラーク生にとっても、これまで精いっぱい集めた募金がどういう形で役立つのか、自らの目で見ることは大きな意義がある。それに彼らが活動を通して感じた生の声は、全国のクラー

ドコとナムロを使い一生懸命レンガを運ぶクラーク生

子どもたちの役に立ちたいと汗を流しながら一個ずつレンガを運ぶ。彼らの行動が多くの村人の共感を呼んだ

ク生にしみ込むように伝わるはずだ。

ネパールではモノを運ぶ時、ドコと呼ばれる大きな竹籠《たけかご》にナムロという紐《ひも》をかけ、それを額《ひたい》にかけて背負い籠として使う。クラーク生たちは当初、流れ作業でレンガを運び上げていたが、中にはより多くのレンガを運び上げようと慣れないドコとナムロを使って何十個というレンガを担いで運ぶ男子生徒がいた。こちらが「もういいよ」と言っても、「いいえ、大丈夫です。やらせてください」と言うのだ。

自分のやることが誰かの役に立つ。きっとこのささやかな事実が彼らの心を駆り立てたのだろう。クラーク生の活動は地元の新聞にも大きく取り上げられ、学校建設は一気に注目を集めることになった。

役所への「お百度参り」

開校手続きや入学児童の募集、教員の選定など、学校開校に向けてやるべきことは山積していた。とくに頭を悩ませたのは役所での手続きだった。

ネパールの役所は徹底した縦割りの官僚制度（ビューロクラシー）で、何人もの人を使って書類をチェックする方法をとっているため、一人が休めば関係書類が机の上にうず高く積み上げられ、作業が停滞してしまう。

権限を上に集中させ下級役人の不正を防ぐ考え方のようだが、このビューロクラシーはネパール社会の持つカースト制度と同じような機能を果たし、立場の強い人には有利に、立場が弱い人々には不利に働いている。かつて英国がインドを支配した際につくり上げたこの制度がネパールにも影響を及ぼし、カースト制度を温存する役割を果たしているとも言われている。

学校開校の手続きをしに関係省庁に行っても、「担当者が休んでいる」とか「これはあっちの部署の担当だ」と言われ、庁内をたらいまわしにされることばかりだった。お百度参《ひゃくどまい》りのように何度通っても手続きは一向に進まなかった。

ただ、ネパールのビューロクラシーは責任者がOKと言えばだいたいのことは通ってしまうのが大きな特徴で、ある時、知人に紹介してもらった上級役人と会って事情を話したところ、すぐに関係者に連絡をしてくれた。

彼の鶴の一声によって、それまで停滞していた手続きが嘘のように進み出し、あっという間に開校の許可が下りることになった。あれだけ屁理屈を言って停滞していた作業がいとも簡単にできてしまう上に、それまで不愛想だった担当者が相好《そうごう》をくずし親切にしてくれるのだから不思議だった。

何はともあれ必要な許可が下りたことで一安心。学校開校に向け、気持ちはどんどんふくらんでいった。

直感で決まった学校名

開校準備に追われていたある日、学校建設プロジェクトを担当している先生から「学校名はどうしますか?」という問い合わせがあった。

開校準備に忙殺《ぼうさつ》され、学校名などまったく考えていなかったのだが、とっさに僕の口から「クラーク記念ヒマラヤ小学校はどうでしょうか?」という答えが出てきた。

なぜ、その名前が出たのか今もはっきり分からないが、建設現場で作業を手伝いながら眺めていたヒマラヤの美しさが子どもたちの未来と重なったことや、学校を共につくったクラーク記念国際高校の生徒の優しさと三浦雄一郎さんがヒマラヤの頂きを目指し、レンガをひとつずつ積み上げるような地道な努力を重ねる姿を、入学する子どもたちに伝えたいという思いがあったからだと思う。

翌日、担当者から「それでいきましょう」という返事があり、正式に学校名が決まった。メンバーに相談することもなく勝手に大切な学校名を決めたわけだが、ここは何事も結果オーライの国。事後報告に慣れっこだから心配することもなかった。事実、誰からも校名についての反論はなかった。

村の尼寺で寺子屋を開校

学校開校まで半年を切った頃、村の尼寺《あまでら》の一角を借りて寺子屋を開校し、入学を希望する子どもたちを集めて字や手洗いを教えることにした。寺子屋には毎日１００人近い子どもが集まり、小さな教室は学びの熱気に包まれていた。

村に寺子屋を開校したのは新入生の選考と共に、親の教育への関心を高めることが狙いだった。

ネパールでは今も児童の退学率が高い。小学校へ入学しても3～4割の子どもが中途退学すると報告されている。とくに村では日雇い農業に従事している家庭が多く、繁忙期になると働き手である子どもを退学させることが多い。

これまでヒマラヤ小学校を退学した子の中にも、「学校へ行くとお父さんに叩かれる」と言って涙ながら辞めた子どもがたくさんいた。背丈ほどの大きな籠を背負い、うつむきながら学校の前を通って農作業へ向かう退学児の姿を見るたびに胸が痛くなった。

子どもたちが学校で勉強を続けるためには、とにかく親の教育に対する関心を高めることが不可欠だ。

寺子屋で学んだことが実生活の中で役立つことを親が理解すれば、教育に対する関心を高めることができ、退学者を減らすため一助となるはずだ。

その後、寺子屋に集まった約100人の子どもたちの家庭を一軒ずつ訪ねながら実態調査をおこない、最終的に68人の第一期生を選考した。

選考した68人は幼稚園2クラスと小学1年の合計3クラスのいずれかに入学させることになった。選考基準は下層カースト、女子、10歳以上の子を優先にして、保護者の教育に対する関心の高さを元に判断した。一度でも学校へ行った経験がある子は皆、1年生に入学させることにした。

入学が決まった子は貧しいだけでなく、その多くは下層カーストに属していた。年齢も5歳から20歳までと幅広い。14歳で幼稚園クラスや20歳で1年生に入学した子など、同じクラスの中で10歳以上年の離れた子が一緒に学ぶ感じだった。学校や会社でいつも同年齢

村の尼寺に開校した寺子屋で、一心に勉強する子どもたち。寺子屋はいつも学びの熱気に包まれていた

の人と横並びで進学し、働き、周囲がほぼ同じ年齢で固まっている日本とは大きな違いだ。

中には山の上の村から小さな弟や妹の手を引いて2時間以上かけて学校へ通う子もいた。教育によって現状の苦しみから抜け出すことができると信じればこそ、彼らは2時間以上の道のりを通うことができるのだろう。

入学できなかった子は引き続き寺子屋で学ぶことになった。この寺子屋は現在も神奈川県の支援者の応援で続いており、村の子どもの居場所として大きな役割を果たしている。

念願の小学校が開校

2004年5月、緑に囲まれた小高い丘の上に、誰もが無償《むしょう》で学べるクラーク記念ヒマラヤ小学校が開校した。

僕は28歳。ネパールへ渡り、6年の歳月が過ぎていた。クラーク生との出会いからまる3年。まるでエベレストの頂上から岩を転がすような速さですべてが過ぎていった。

先が見えず投げ出したくなることもあったが、開校を心待ちにしている子どもたちの声や応援してくれる人々の励ましなど、すべては人に恵まれたことで実現できたことだ。

もちろんネパール流の〝神様がいるから大丈夫〟に何度となく救われたことは言うまでもない。何事もノープロブレムと根拠のない自信を持ち、明日を信じて明るく生きれば不可能だって可能になるのだとプロジェクトを通して学んだ気がする。

入学した子どもたちが学校生活を通してどのように成長し、人格を陶冶《とうや》していくのか、彼らの変化を見ることが何よりも楽しみだった。

学校で学ぶ前と学んだ後で別人のようになって欲しい。日々、新しい自分が広がって行くことを実感してほしい。そんな思いが心の中で膨《ふく》らんでいた。

まだ空っぽの子どもたちの頭の中に、たくさんの知識と自信、そして夢を詰め込んでいきたい。そう強く思った。

…Q&A だからよくわかる！

のワークルール

①ワークルールってなんだ？
②こんなときこそワークルール《アルバイト編》
③こんなときこそワークルール《就活・就職編》
④ワークルールでつくる豊かな社会

セット定価　本体1万1200円＋税
各巻　本体2800円＋税

NO-NO BOY
ノーノー・ボーイ

戦争が自分の中のアメリカと日本を引き裂く。徴兵を拒否した日系人のアイデンティティ喪失と苦悩。
米文学のロングセラー新訳刊行！

ジョン・オカダ 著　川井龍介 訳
本体2500円＋税

お給料，働く時間，残業，お仕

これだけは知っておきたい
「働くこと」の決まり

10代から

中学生や高校生になれば「どんな職業につこうかな？」とイメージを持ちはじめるころです。アルバイトはもちろん社会にはばたく前に、働くときの決まりごと＝ワークルールをこの本で身につけておきましょう。

監修 上西充子
（法政大学教授）

大好きな人とずっといたい…。異色のデュエットで奏でる孤独な二人の悲しい恋の物語。江國ワールドの原点に出会える「おとなの絵本」。

桃子

江國香織 文　飯野和好 絵
本体 1300 円＋税

2004年、貧しい子どもたちの大きな夢をのせてクラーク記念ヒマラヤ小学校が開校した。初めて制服を着て、みんな大喜び

第5章

学びが始まる

「自分がいなければ」と感じさせる

ヒマラヤ小学校に入学した子どもたちは皆、幼い頃から働いて育ってきた子だ。水くみや薪《まき》ひろい、牛の世話などの家事はもとよりレンガ工場やカーペット工場などで朝早くから働いていた。

彼らが過酷な労働をいとわないのは、ひとえに親を助けたい、という孝行心を持っているからに他ならない。

しかし、彼らのほとんどは親から抱きしめられたり、温かいたなごころに頬《ほお》を包まれ感謝された経験がない。子どもが働くことは当たり前という意識や、日々の生活に窮《きゅう》しているため、親は子どもに感謝するだけの気持ちの余裕がないのだ。入学した子どもたちが腕をからませ肩に頭をもたせかかったり、足や背中にまでしがみつく姿を見ては、彼らが愛情に飢《う》えていることを実感した。

学校が開校する時、先生たちにひとつだけお願いをした。それは、子どもが何か手伝ってくれた時にはそれを喜び、感謝すること。そして「助かったよ」と一言、声をかけることだった。できれば一日一度でいいから彼らの頬を包み、抱きしめる。そんな環境をつくりたいと思った。ただやみくもにほめるだけでは子どもは育たない。一人ひとりの子どもの認識に合うよう彼らの言動をしっかり見て、感謝の気持ちを伝える。その積み重ねによって子どもたち一人ひとりが「自分は役に立つ人間だ」ということを認識し、自分が存在する意味を実感できるようにしたい。愛情が与えられれば自信が生まれるはずだ。

ヤッギャ校長が大きくうなずいて、「彼らが自分なしでは学校は成り立たないと思えるくらい、彼らに感謝しましょう」と言ってくれた。その一言がとてもうれしかった。

人は不足の中でこそ育つ

子どもたちの大きな夢をのせて開校したヒマラヤ小学校には、幼稚園2クラスと小学1年の3クラスが開校し、5歳から20歳まで68人の子どもたちが入学した。先生はヤッギャ校長を含め3人。男性2人、女性1人。男性は2人ともブンガマティ村の出身者だ。

開校当時は十分な学用品もなく、備品は職員室のテーブルと椅子、それに教室のベンチが2

基だけだったため、子どもたちはムシロに座って学んでいた。

遊び道具だってひとつもない。何もかも不足していたが、皆で知恵を絞った体験は多くの学びの収穫となった。鉛筆はつかめなくなるまで使い、使い切ったものを持ってくると新しい鉛筆を渡した。ノートも使い切ったのを確認して、初めて新しいものを支給するようにした。

不足を嘆《なげ》かず、今あるものに感謝し大切に使う。日本で忘れかけていた大事なことを不足の環境が教えてくれたのだった。

とくに子どもがまわりの環境を利用して遊ぶ姿には感心するばかりだった。

木に登り、落ちたら悔しがって何度でも登ろうとする。上手な子は20メートル近い大木にいとも簡単に登り、木の実を採って来て、それをみんなに分け与える。

自ら考え、見つけ、採ることができる上に、分け与えることができるのだから、彼らの生きるたくましさにはただ感心するばかりだった。

ある子は裏山の竹林から刈り取った竹に熱した鉄棒で穴を開けて自作の笛をつくり、いとも幸せそうにピーヒャラ、ピーヒャラと吹いている。人は不足の中でこそ育つのだ。すべての不足を満たすことが支援ではない。そしてそれが必ずしも人を幸せにするものでもない。そんな大事なことを教わったのはこの時期だった。

言葉を直せ

学校が開校して最初に直面した問題のひとつは、子どもたちの言葉遣いだった。

ネパール語には尊敬する人に用いる語から軽蔑的《けいべってき》な語まで語形変化が多数ある。親の多くは日常生活の中で子どもに対し、動物に使うような軽蔑的な言葉を使っているため、子どもたちの話す言葉も自然と軽蔑的なものになっていた。それに加え、耳を塞《ふさ》ぎたくなるような口汚い言葉も平気で使うのだ。

たとえば先生を呼ぶ時など、「先生、おい、ちょっとこっちへこいよ。はやくしろ馬鹿野郎」みたいな感じだ。

まったく悪気はないため顔は微笑《ほほえ》んでいるのだが……家庭や学校で自然と適切な言葉遣いが身につく日本では考えられないことだ。

言葉は人と人をつなぐもの。なんとか直さなくてはと気持ちは焦るのだが、家庭の協力が期待できないだけに困難がつづいた。

まず年齢の高い子どもたちを指導して言葉遣いをひとつずつ直していった。先生たちが子どもと話をする時は常に敬語で話し、彼らが汚い言葉を使った時には必ずその場で直すようにした。

その後、リタやアシュミタを始め里親教育基金の奨学生が頻繁《ひんぱん》に学校を訪ね、子どもたちの言葉を丁寧に直してくれたことも大きかった。少しずつ年齢の高い子が正しい言葉遣いを覚えると、年下の子どもたちにも教えてくれるようになり、薄紙をはぐように言葉遣いは改善していった。

シラミ退治

入学した子どもを調べると、彼らの頭や体、衣服にたくさんのシラミがついていることが分かった。よく見ると、みんな体や後頭部、耳の後ろをしきりに掻《か》いている。湿疹《しっしん》や「とびひ」が出ている子も多かった。シラミのうち、コロモジラミは回帰熱《かいきねつ》や発疹《はっしん》チフスなどの感染症を媒介《ばいかい》して危険でもある。

　僕たちが目指している〝子どもたちの自立〟は、まず自らの命を守ることから始まるはずだ。

　なんとか状況を改善しようと始めたのが、シラミ退治だった。友人の医師らの協力を受け、殺虫成分が入ったシャンプーの試薬品を入手し、さらに雑貨屋を営む友人から目の細かい櫛《くし》やタオルを安く提供してもらうなどして準備を進めた。

　シラミ退治の日には友人の医師や看護師のほか、里親教育基金の奨学生が手伝いに来てくれた。

　井戸から汲《く》み上げた水をバケツリレーで屋

子どもだちのシラミ退治。上級生が下級生を洗ってあげるようになった

上に運び上げ、みんなで子どもの頭と体を洗っていく。とにかく子どもたちが「きれいになることが気持ちいい」と実感できるまで、毎日のようにシラミ退治をおこなった。

当初は先生や友人たちがおこなっていたシラミ退治だったが、しばらく続けるうちに上級生が下級生を洗うようになった。さらに子どもたちから「今日も頭を洗いたい」と言い出すようにもなった。

シラミ退治に付随《ふずい》して、日本から来た若い看護師が手洗いの紙芝居をしたり、友人たちが手づくりの人形劇を演じたりして、子どもの保健衛生に関する知識と意識を深める活動が続いた。

努力で制服がきれいに

学校が開校し、初めて制服を手にした時の子どもたちの笑顔を今も鮮明に覚えている。

しかし、その真新しい制服も〝着たきり雀〟のため、1カ月もたたないうちにボロボロになってしまった。ボタンが全部外れた子、長袖のシャツが半袖になり、最後にはノースリーブのような状態になる子も大勢いた。彼らのたくましさを微笑ましく思ったが、汚れた制服を身につけていることは村人からの評判が悪く、「乞食《こじき》の学校」なんて揶揄《やゆ》されることもあった。

シラミ退治などの保健・衛生授業の中で洗濯の仕方を学んだことや、数年後に制服を2種類にして曜日ごとに着る制服を替え、片方を着ているうちに着ていないもう片方の制服を洗濯する方法を取り入れることで、子どもたちは見違えるほどきれいになった。きれいになるにつれ「乞食の学校」と言われることも少なくなった。

初めてヒマラヤ小学校の子どもたちの写真を見た人から、「きれいな制服を来て恵まれた子どもたちね」とか「私が知っているネパールの子は貧しくて、もっと汚い格好をしていたわよ」と言われることがある。

なんだか貧しさの格付けをしているようでため息がこぼれるが、子どもたちは決して初めからきれいだったわけではない。彼らは自らの努力によってきれいになったのだ。

実は当初、学校運営もままならない状態が続いたこともあって、制服は必要ないという意見もあった。しかし2年に一度、全児童に支給することになった。

理由は2つあり、ひとつは制服を着ることで子どもたちが〝学校で学んでいる〟という自覚を持つことができること。そしてもうひとつは、制服を着ることによって人身売買の危険から子どもたちの身を守ることができるからだ。

ネパールでは現在も年間、約7000人の少女たちが人身売買の被害にあっていると報告されている。

人身売買は親切を装った周旋人《しゅうせんにん》が親に近づき舌先三寸《したさきさんずん》で娘たちを連れていくケース以外にも、「町で働けばお母さんを助けることができる」とか「女優のような美しいドレスが着られる」と子どもに直接、甘い言葉をかけ連れていくケースも多い。

村社会ではかならず誰か見てくれている。もし仮に何かが起きてしまった時にも、子どもが制服を着ていれば素早く対応することができるのだ。

2011年に制服を2種類にしてからは、1着は学校が支給し、もう1着は自己負担という形にゆるやかに変えていった。毎年、秋におこなわれる収穫祭(ダサイン大祭)では、親が子どもたちに新しい服を買い与える風習があるが、その際、制服を与えてほしいと親に呼びかけ続けたところ、少しずつだが協力してくれる親が増えていった。

字を覚える喜び

「お母さん、名前が書けたよ」

初めて自分の名前が書けた時、うれしさのあまり教室を飛び出して近くの畑にいた母親の元に駆《か》けて行った女の子がいた。

彼女の名前はシャルミラ。当時9歳。字の読み書きができない母親がシャルミラの手を取り涙ながらに喜ぶ姿を今も忘れることができない。

字が読める、書ける、というのは、人生の中で画期的な出来事のはずだが、僕も含め多くの人にとっては、なんの感動もなく過ぎてしまい記憶に残っていないのではないだろうか。松岡享子著『子どもと本』（岩波新書）によると、イギリス人作家のエインダン・チェインバースさんは9歳の頃まで字が読めなかったそうで、初めて字が読めた時のことを鮮明に覚えているという。絵本を読んだ時、突然、本の中の登場人物が立ち上がって動きだし、会話の声まで聞えてきたそうだ。もしかすると、初めて自転車に乗れたときの驚きや感動に似ているのかもしれない。

入学した子どもが学校生活の中で一番喜ぶのは、シャルミラのように字を覚えた時だ。それは、字を覚えることによって親を助けることができるからだ。親の代わりに字を読み、書いてあげる。頼られることで子どもは自らを高めようとする意欲が湧《わ》くのだろう。

子どもに語りかけるヤッギャ校長

ヒマラヤ小学校に入学した第1期生68人のうち、1学年に入学した23人は、ほとんどが児童労働者としてレンガ工場やパン工場など労働に従事した経験を持つ子どもだった。中には工場を逃げ出しストリートチルドレンをしていた子もいた。

幼い頃から親や工場主に叱られ、ゴミ同然のように扱われて来たこともあって皆一様《いちよう》に打たれ強くたくましかった。男子の中には絵にかいたようなわんぱく小僧が何人もいて、先生たちを手こずらせる毎日だった。

クマール、スモン、ジャナック、ラケシュ、ナレシュ……数え上げればきりがないが、みんな独楽鼠《こまねずみ》のように動きまわって元気がよい連中だった。

授業中にいたずらをする彼らに対して、女の先生が「いたずらすると頭を叩くわよ」と叱ると、「お好きにどうぞ」と言って頭を差し出してくる始末。毎年、4月頃に開催される「ホーリー」と呼ばれる色粉や水をかけるお祭りでは、祭りが始まる1カ月も前から、登校中の女子を森の中で待ち伏せして水風船を投げたり、バケツの水をかけたりするなどやりたい放題。

その他、女の先生が椅子に腰かける寸前に水風船を置いて破裂させたり、上着のポケットに虫を入れたりと、こちらが感心するよう

ヒマラヤ小学校を黎明期から支えてきたヤッギャ先生。誠実な人柄で子どもたちや保護者、村人からの信頼は厚い

な悪戯《いたずら》をあれこれ考えては実行に移すのだから、若い先生が手を焼いたのもよくわかる。

そんなわんぱく小僧たちをヤッギャ校長は頭ごなしに叱りつけたり、力で押さえつけたりしなかった。彼らの言い訳をすべて聞いた上で、静かに言葉で語りかけるのだ。そして必ず彼らを連れて近くの高台まで散歩に出かけていた。

きっと散歩しながら話をすることで彼らに内省《ないせい》の機会を与えたのだろう。どんなに骨が折れても、子どもに自分の考えを伝える努力をいとわないヤッギャ校長の姿勢にはいつも感心するばかりだ。彼自身、自分はこう考え、こう生きるという原則をしっかり持っているからこそできることではないだろうか。


わんぱく小僧たち、実はとても心優しい連中で、ある日、女子児童が隣村の学生に冷やかされて泣かされた時など、「ゆるせない！　俺たちが仕返ししてやる」などと言って、木の枝を持ち勇み足で決起したことがあった。

結局、先生が止めてことなきを得たのだが、普段は悪戯して泣かせている女子のことを一番心配しているのは、実はわんぱく小僧たちなのだ。

1 緑の丘陵に建つヒマラヤ小学校。開校当時平屋だった校舎は3階建てになった

2 生まれて初めて自分の名前が書けた時、うれしさのあまり教室を飛び出したシャルミラ

3 シロツメクサを集める子どもたち。学校に入学して自由な時間を得ることができた

1黒板に向かって学んだことを復唱する。知識によって子どもは羽ばたける　2学校生活を通して、だんだん表情も自信に満ちてくる　3著者と子どもたち。親や社会から十分な愛情を受けていない子は、腕や足にしがみついて愛情を求めてくる

1 103歳の日本のおばあちゃんが手づくりした縫いぐるみは子どもたちの宝物　2 秋の収穫祭を前に、新しい制服を着て大喜び　3 仲良し5人組。大好きなダンスの相談　4 階段からジャンプできたことを褒められたアニシュは、その後もずっと飛び続けた

1

2

3

4

1幼い弟や妹の手を引いて、山の上の村から2時間以上かけて学校へ通う　2カメラの前でおどける子どもたち。腹の底から笑うことも成長には欠かせない　3大きくなったら先生になりたい。そう言って、黒板の前で先生のまねをする女の子

弱い者を労わる優しさ

子どもたちの中には心身に障害を持つ子が数人いた。

ネパールでは障害を持つ子に対する社会福祉が確立されていないため、放置されるケースが少なくない。障害は前世のカルマ（因果）の結果であり、神の意思によるものと考える社会通念があるため、障害を恥じる親によって座敷牢《ざしきろう》に閉じ込められることもある。

第1期生として入学したバビンは脳性麻痺《のうせいまひ》の男の子だった。障害を持った子を受け入れることにためらいはなかったものの、学校としてどういう対応をすべきか、あれこれ心配していたのだが、心配は杞憂《きゆう》に過ぎなかった。まわりの子どもたちが自然とバビンを労《いた》わり、手助けしてくれるのだ。

バビンが外に出るときは誰かが必ず一緒にいるし、階段の外側や背後には自然と誰かがついているのだ。こちらがいわなくても弱いものを労わる優しさにはとても驚かされた。厳しい環境の中で育ってきた彼らは自然に人としての優しさを身につけているのだろう。

2005年に入学したサシナ（当時13歳）は知的障害を持つ女の子だった。

彼女は障害を理由に母親以外の家族から煙たがられ、ゴミ置き場に捨てられた過去を持つ子だった。母親から相談を受け、学期途中からヒマラヤ小学校へ入学することになった。

入学した当初のサシナはうつむきがちだった。しかし、まわりの同級生がサシナを気遣い、大切にしてくれたおかげで、数週間後には別人のように明るく溌剌《はつらつ》とした子になった。

サシナは休みの日も飼牛《かいうし》の世話が終わると必ず学校にやってきてゴミを拾ったり、外の棚田をぼーっと眺めたりしていた。学校がサシナの居場所となっていたのだ。

卒業を間近に控えたある日、サシナが教室の片隅で泣いていたことがあった。心配して理由をたずねると、「学校を卒業したくない。ずっと学校にいたい」と言うのだ。それを聞いたヤッギャ校長がサシナにこう語りかけた。

「サシナ、卒業しても毎日学校へ来て、小さな子どもたちのお世話をしてくれないか？　君がいると助かるよ」

その瞬間、サシナはとても喜び、ワーッと泣き出した。

サシナは2009年にヒマラヤ小学校を卒業した後も、毎日学校へ来て小さな子どもたちの

卒業後も毎日学校へ来て子どもたちの世話をしてくれたサシナ。愛情が与えられたことで大きな自信を持つようになった

世話をしてくれた。とくに月に一度の「栄養改善プログラム」の時はサシナがいてくれたおかげで本当に助かった。

サシナのお手伝いはヤッギャ校長が学校長を退任する2012年まで続いた。サシナはきっと自分が愛されていること、そして役に立つ人間であることを学校生活の中で実感したのだと思う。

月に一度の「栄養改善プログラム」

ヒマラヤ小学校では予算の関係で給食を出すことができなかった。子どもたちは朝早くから薪拾《まきひろ》いや草刈り、牛乳配達などをして働き、また中には山の上の村から2時間以上かけて登校する子もいるなど、みんなお腹を空かせていた。

児童の中には乾燥させた硬いトウモロコシやチウラ（刈り取った稲をモミのまま蒸留壷《じょうりゅうつぼ》に入れ、藁《わら》で蒸し焼きにして木臼《きうす》で突いて脱穀《だっこく》した味のしない乾燥米）をわずかながら持って来る子がいた。

驚いたことに彼らはビニール袋に入れた一握りのトウモロコシやチウラでさえ、持っていない子にちゃんと分け与えているのだ。

成長期の彼らにトウモロコシやチウラだけでは栄養が足りない。それどころか腹を満たすこともできない。なんとか子どもがお腹を満たす機会をつくりたいと思い、みんなで話し合った結果、運営費を切り詰めて月に一度だけ給食を出すことにした。

僕たちはそれを「栄養改善プログラム」と名付け、子どもたちが好きなだけ食べられるよう、〝なくなるまでお代わり自由〟という形を取ることになった。

お腹を満たすことは幸せに直結する。幸せを実感することが将来、自らの力でお腹いっぱいになろうと思う自立の意欲をつくるかもしれないと思った。

栄養改善プログラムは子どもだけでなく親からも大好評だった。皿代わりの新聞紙の上に料理がまだ残っているうちから、お代わりの順番に並ぶ子もたくさんいた。それだけお腹を空かせているのだ。

料理は先生たちや上級生が一緒につくった。子どもたちとって一番の楽しみとなり、彼らにささやかな幸せをもたらした。

時々、日本の支援者からチョコレートをもらうことがある。チョコレートを子どもたちに配ると、驚くことに誰ひとり食べようとせずポケットにしまい込んでしまうのだ。聞けば、家で待つ小さな弟や妹に食べさせてやりたいと言う。学校の果樹園に実った桃や柿でさえ、小鳥のためにといくらか残しておく…。

なぜ、彼らはここまで優しくなれるのだろう。本当は甘いものに飢えているはずなのに。僕が彼らと同じ少年時代、いつまでたっても満たされることがなく常に何かを欲していたように思う。彼らの健気《けなげ》な優しさに触れる度に胸に温かいものが込み上げた。

お金を貯めることを学ぶ

ネパールでは貧困によって子どもの3人に2人が中途退学を余儀なくされている（ネパール教育省2011）。

子どもは働き手であるため田植えや草抜き、稲刈りなど農業の繁忙期《はんぼうき》になると手伝いに駆り出され、そのまま学校を辞めてしまうケースが後を絶たない。これまで「学校に行ったらお父さんに叩かれる」と泣きながら学校を去って行った子が何人もいた。ある児童の母親からは口減らしのため、「子どもをもらってほしい」と本気で頼まれたこともあった。窮状《きゅうじょう》を抱え、その日食べるものにも困っている彼らに、子どもの将来や教育を優先させるだけの余裕はないというのが現実だ。

子どもが学校で勉強を続けるためには家庭のことにもあえて踏み込むことが必要だ。他人の生活に関わればどこまでも引きずりこまれていく。それでもなお、家庭に踏み込んでいかなければ、無償《むしょう》教育を提供しても子どもたちが勉強を続けることは難しいのだ。

実際に児童の家庭の生活状況を調べてみると親の多くが、その日に得た収入をその日のうちにすべて使い果たしていることが分かった。まさに「宵越《よいご》しの銭は持たぬ」生活だ。

教育を受けていない彼らは、お金を貯めることの意味をほとんど理解していなかった。日雇い労働で100ルピー稼ぐと気分が舞い上がるのか、その日のうちに150ルピー分のお酒を飲んで借金を増やし続けている親もいた。

もし彼らの生活を少しずつでも改善させることができれば、子どもが働きに出なくてもよいケースだって多いはずだ。そう考えた僕たちは保護者にお金を貯めることの大切さを説いてまわる生活指導をおこなった。

同時にヤッギャ校長の呼びかけで「児童福祉基金」を創設し、毎月10ルピーずつ（現在は30ルピーずつ）徴収《ちょうしゅう》して、保護者と子どもたちに預金の習慣を身につけてもらうことにした。

児童福祉基金は児童が病気をした際に医療費の補助をおこなうほか、窮状を抱えた家庭には子ヤギ1頭を与え、育てたヤギが子どもを産んだ時に1頭を（現金化して）返してもらう活動もおこなっている。途中で退学した場合には返金しないが、卒業した際にはささやかな利息をつけて全額返金する。実際、生活改善指導と児童福祉基金によって預金の重要性を理解し、4人の子どもを卒業させた保護者もいた。

同情が招いた大きな失敗

学校運営にようやく慣れ始めた頃、僕は大きな失敗をしていることに気づかされた。優しさだと思ってやっていたことが、実は子どもたちの役割を奪うことにつながっていたのだ。

雑草の根っこをかじり、鍋の底を舐《な》めるような子どもたちの生活を目の当たりにしたことで、彼らに対し「かわいそう」とか「悲しい思いをさせたくない」という〝同情〟が僕の心の中で先立ってしまった。

せめて学校にいる間くらいは何もさせず休ませてあげたいと、手伝いをしようと教室を飛び出した子を教室に戻したり、ボタンが上手く留められない子のボタンを全部留めてあげるなど、ただひたすら甘い手立てを尽くし、いつの間にか床の間に飾る人形のように彼らを育てていたのだ。

本来、子どもたちにはその時期、その時期にやれることは何でも体験させるべきなのに……。彼らが自ら生きる存在であることを忘れ、ありとあらゆることに手を掛け、彼らの役割と生きる力をどんどん奪っていた。

そのことに気づかせてくれたのは、ヤッギャ校長だった。

ある日、お膳立《ぜんだ》てばかりする僕を見かねたヤッギャ校長が、「子どもたちは何でもやってくれる大人を求めていませんよ。彼らは努力すれば何でも出来ます。彼らを信じてみませんか」と穏やかな口調で諭してくれた。

僕はハッとして言葉の接穂《つぎほ》を失った。あれこれ手を掛けなくても、植物がお日様に向かってぐんぐん延びるように子どもは自ら考えて成長するのに……同情ばかりして、〝人を育てる〟ということを完全に忘れたまま、僕は教育の世界に足を突っ込んでいたのだ。

信じてくれる大人の存在

ちょうど同じ頃、はかったようにヒマラヤ小学校である事件が起きた。

1年生に入学したプラカシュ（仮名）という低カースト出身の男子児童がいた。彼の母親は娼婦《しょうふ》をしていて、いわゆる父無子《ちちなしご》だった。母親はプラカシュの面倒を見られないため、村で暮らす姉の家族に預けていた。

プラカシュは叔母の家族から疎《うと》んじられていた。プラカシュが9歳になった頃、叔母夫婦は彼をカトマンズの工場に住み込みで働きに出したそうだが、彼は数カ月で工場を逃げ出し、ストリートチルドレンになって仲間たちと非行を繰り返していたという。自分が誰からも求められていない、いなくてもいい存在なのだと感じた時ほど辛いことはない。母親や親類から見放された当時のプラカシュのことを思うと胸が痛くなる。

学校が開校する直前、プラカシュは村に帰ってきた。困り果てた叔母夫婦がヤッギャ校長に相談し、彼をヒマラヤ小学校へ入学させることになった。プラカシュが入学したことを知った村人から「アイツには気をつけたほうがいい」とか「入学させてはいけないよ」と言われることが何度もあった。

ある日のこと、村人が突然、血相を変えて学校に乗り込んで来た。村人は1年生の教室に入ると、プラカシュを捕まえて「この泥棒野郎！」とののしりながら殴る蹴るの暴行を加えたのだ。あまりに突然の出来事にあ然としたが、なんとか先生たちと暴れる村人を止め、職員室で村人の話を聞くことになった。

村人は目に角を立てながら、「こいつがジャガイモを盗んだんだ。こいつは村で有名なツゥオール（どろぼう）だ。だから殴ってやったんだ」とプラカシュを睨《にら》みながら大声を張り上げた。村人の話では先日から農作物が頻々《ひんぴん》と盗まれていて、犯人はプラカシュに違いないとのことだった。

プラカシュはずっとうつむいたままだった。村人の話を聞いた時、僕は「あぁ、ついにプラカシュがやってしまったか」と心の中で思い、深いため息がこぼれた。

村人の話をすべて聞き終わるとヤッギャ校長は一度大きくうなずいた後、力強く語り始めた。

「ヒマラヤ小学校に盗みをする子は一人もいません。プラカシュが盗んだという根拠があるなら見せてください。もし彼が盗んでいたなら私も一緒に謝ります。でも、何の根拠もなく彼を犯人扱いして殴ったなら私は許しません。まず殴ったことをプラカシュに謝りなさい」

ヤッギャ校長の反論に村人はもちろん、その場にいた誰もが驚いた。村人は憤慨《ふんがい》し、「根拠なんかなくてもコイツがやったに決まっている」とか「娼婦の息子だ」などと罵声《ばせい》を浴びせていたが、らちが明かないと分かったのかしばらくすると顔に憤激《ふんげき》の色をみなぎらせながら学校を後にした。


村人が帰った後、ヤッギャ校長に反論した理由を聞いてみた。すると彼は穏やかな口調でこう答えた。

「子どもにはたった一人でいいから信じてくれる大人が必要なのです。プラカシュにとって学校は最後の砦《とりで》なのです」

僕の胸は一気に熱くなった。

村人と対立することは村で暮らすヤッギャ校長にとって決してプラスではないはずなのに、彼は毅然《きぜん》とした態度でプラカシュを守ったのだ。自らの体面を捨てプラカシュを守ったヤッギャ校長。信じるということは「見捨てない」ということなのだと、その時、強く思った。

ヤッギャ校長に比べ、村人の言葉を真に受けプラカシュを信じてやれなかった自分はなんて弱い人間だろう。村人に毅然と立ち向かう勇気もプラカシュを信じる気持ちも僕は持ち合わせていなかったのだ。

同情が先立ち、あらゆることに対し甘い手立てを尽くしていたことも、きっと子どもを信じていなかったからに違いない。

この日以来、僕は子どもたちを心の底から信じようと決心した。床の間に飾っておくように育てることも、彼らを子ども扱いすることも、同情して役割を奪うこともやめよう。子どもの中にあるものを丁寧に見つけ出し、彼らが自ら決断しておこなうことには最後まで徹底的に付き合おう。

たとえ危険を伴うことであっても、あえてチャレンジさせることが、彼らを信じることであり大事にすることなのだ。

第6章

運営の危機

勉強を続けたい！

ヒマラヤ小学校は当初、3階建ての校舎を建設予定だったが資金不足のため、ひとまず1階4教室のみで開校することになった。

4教室には職員室と3クラスが入ったため、開校時には既《すで》に教室の余裕がない状態だった。雨の少ない乾季なら青空教室も可能だが、雨期の間は屋根のない所での授業は難しい。なんとか次の年までに2階校舎を増築しなければならないのだが、建設の目処《めど》が立たないまま時間だけが過ぎていった。

ある日の放課後、1年生のビナとスミルティ（当時12歳）がやってきて、「ねぇ、ダイスケさん、2階校舎はいつできるの？　もし2階ができなかったら私たちは学校から出ていかなくてはならないの？」と今にも泣きそうな表情で尋ねて来た。

答えに困っていると三々五々、1年生が集まり、「2階をつくって欲しい」「みんなと離れたくない。勉強を続けさせてほしい」と訴えて来た。

学校生活が充実し毎日が楽しくなって来た時に、2階校舎がないことは彼らにとって大きな不安だったのだろう。よく見ると、やんちゃ小僧たちも後ろで泣いていた。

人間にとって最も怖いものは「不確かなもの」だと思う。来年も自分たちは学校にいられるのか、勉強を続けることはできるのか……。そんな「不確かなもの」を抱えた子どもたちの心中を思うと、申し訳ない思いでいっぱいだった。

彼らの気持ちを裏切ってはいけない。でも約束できるあてはない。

四方八方、手を尽くしても頭を抱える毎日が続いたある日、夢のような話が飛び込んで来た。実情を知った神奈川県の元教師のご夫妻と親類の方から2階校舎建設の支援の申し出を頂いたのだ。

ご夫妻は長年にわたりネパールで教育支援活動に携わっていて、ヒマラヤ小学校も開校以来、幾度《いくど》となく訪ねている。子どもたちとの交流の中で彼らの学びへの思いを実感したことが支援を決めた理由だった。子どもたちの思いがご夫妻に通じ、夢の2階校舎建設が実現したのだ。

2階校舎建設のことを子どもたちに伝えた時、みんな諸手《もろて》をあげて喜んだ。ある子が「日本はどっちにある?」と聞いてきたので東の方向を指さすと、彼らは東の空に向かって次々に「ありがとう」と大声で叫んだ。

ネパールの人々は「ありがとう」という言葉をほとんど使わない。布施《ふせ》や喜捨《きしゃ》の功徳《くどく》が讃《たた》えられ、与える側が幸せという考えがあるからだ。

そんな中で子どもたちが自然と「ありがとう」と感謝の気持ちを大声で叫んだのは、これまでの交流を通してご夫妻の顔と気持ちが身に染みて理解できたからに他ならない。わんぱく小僧たちが「レンガを運ぶよ!」と満面の笑みを浮かべた。

運営費の不足

ヒマラヤ小学校が直面していた問題は2階校舎の問題だけではなかった。実は開校当初から運営資金が絶対的に不足していたのだ。運営資金についての計画がまったくないまま行き当たりばったりで見切り発車をしたため、建設費用の残金で賄《まかな》っていた運営資金はすぐに底をついてしまった。

今、振り返るとよく見切り発車ができたなと怖ろしくなってしまう。後先を考えないネパール流といえばそれまでだが、とにかく一日も早く開校したいという思いが強かったからこそできたのだと思う。

人は何かをするとき、案外何も考えていないものかもしれない。もし運転資金のことをあれこれ考えていたら、きっといつまでたっても開校にはこぎ着けなかっただろう。人生にはきっと、勢いに乗じなければできないことがあるのだと思う。

建設費として受け取った３００万円から１５０坪の土地を買い、基礎を含む1階校舎４教室を建てたわけだが、労働奉仕や建材を安く仕入れたり、廃校になった学校から備品を購入したりして節約したとはいえ、余ったお金は20万円ほどしかなかった。

入学した子どもたち68人分の教科書や学用品は、ヤッギャ校長の旧知の業者からツケで購入することができたが、数カ月後には校長を含めた３人の先生と用務員の給料の支払いが滞ってしまった。給与を払うことができず先生たちに頭を下げる日々が続いたが、幸い先生たちが事情を理解してくれたおかげで、なんとか支払いを猶予《ゆうよ》してもらえることになった。

資金不足で学校運営がピンチの時、追い打ちをかけるような問題が発生した。突然、運営委員会の一部のメンバーが何の相談もなく、未完成だった校舎の塗装や教員用トイレの工事を発注し運営資金を蕩尽《とうじん》してしまったのだ。

学校が未完成では恥ずかしい、というのが彼らの言い分だった。どれも不急不要なものばかり。資材が運ばれてきた時には空いた口がふさがらなかった。

元々の呑気《のんき》さもあってネパール人の多くは、最善を望むことは得意でも最悪に備えることが苦手だ。そこにきて社会全体が支援に依存していることも影響し、誰かが助けてくれるだろうという甘い考えが常に彼らの言動から透けて見えた。

貧しい子どもたちに教育機会を与えたい、という思いは一致していた運営委員会だったが、いざ運営となると意識や価値観には大きなズレがあった。

さすがのヤッギャ先生もこのことにはかなり手を焼いていたが、支援への依存を絶ち、「もっともっと」ではなく「もう十分」と言える自分たちを手に入れるため、まず身内の意識から変えていかなくてはならない。荒波の中での航海は続いた。

スポンサーシップで児童支援

とにかく当面の運営資金の確保するため、僕の医療活動を応援してくれている人や建設の募金活動に協力してくれた個人に手紙を送り運営資金の協力をお願いした。

ただ、学校建設など「形」になる支援と異なり、運営という「形」もなく「キリのない」支援に対しては、なかなか理解や協力を得ることが難しかった。

そんな中、それまで町に暮らす母子家庭の女子を対象におこなっていた就学支援（里親教育基金）に代わり、ヒマラヤ小学校の児童一人を一人の個人支援者に応援してもらう「スポンサーシップ」を創設することになった。

学校運営に必要な年間経費を児童数で割って、児童一人あたりの支援金額を算出し、年1万円（インフレの影響で2012年から年2万円に変更）の基金をもって支援をお願いすることになった。

企業や団体の大きな支援はありがたい反面、頼り過ぎれば不安定になる。児童一人を個人支援者が応援することで、支援者一人ひとりの負担を減らし、仮に誰かが支援を中断しても別の誰かがそれを補うことができるようにすれば運営は安定する。また、個人支援にすることで支援者と児童、お互いの顔が見えるようになる意義も大きい。

ただ、スポンサーシップを創設したものの支援者はなかなか集まらず、学校運営は綱渡りのような状況が続いた。もう駄目かもしれないとあきらめかけたことが何度もあったが、それでも学校の事情を知った東京の小学4年生の女の子が貯金箱を壊して寄付をしてくれたり、大阪の母子家庭の中学生姉妹がお小遣いを貯めてスポンサーシップに申し込んでくれたりしたおかげで、何とか歯を食いしばることができた。

リタを連れて日本へ

運営資金の見通しがつかずヤキモキと気をもんでいたある日、支援者から20万円の支援の申し出があった。

連絡を受けた時は「これで先生たちに給料を払い、教科書代のツケを払うことができる」と胸をなで下ろしたのだが、手紙をよく読んでみると、「自転車操業を止め、運営資金の目処《めど》を立てるために役立てること」という留意が書かれてあった。日本に一時帰国した際、運営資金を無心していた姿にあきれたのかもしれない。

支援者の忠告に従い、あれこれ考えた結果、里親教育基金の第一期奨学生であるリタを日本に連れて行き、ネパールやヒマラヤ小学校の実情について話してもらうのがよいのではないか、という結論に至った。

本書の最初のほうで登場した極貧の母子家庭少女であったリタは、里親教育基金のリーダー的な存在としてほかの奨学生をまとめてくれたほか、ヒマラヤ小学校にも足繁く通い手伝ってくれている。ヒマラヤ小学校開校までの道程もよく知っているし、何よりリタ自身が貧しくて教育を受けられなかった過去を持ち、教育の大切さや学びの喜びを知っているので言葉に重みがある。僕がネパールの窮状《きゅうじょう》をあれこれ訴えるよりも、生の声を届けることが一番伝わるはずだ。

ちょうど、リタはSLCと呼ばれる10年生の時に受ける全国統一の卒業認定試験（中等教育修了試験）に合格したばかりで時間にも余裕がある。この役を務められるのはリタしかいない。

そう確信を持った僕は早速、日本渡航の準備に取りかかった。

国民と認めてもらえない

リタが日本へ渡航するためには旅券が必要だが、その旅券を取得するためにはナガリッタと呼ばれる国民証を取得しなければならない。

ところが、その国民証を取得するためには父親のサインが絶対に必要で、母子家庭のリタは取得ができないのだ。

当時のネパールは世界で唯一ヒンドゥ教を国教としていた国。完全な男性優位社会のため、いかなる公的手続きにも父親のサインが必要だった。国民証をもらえないということはネパールに生まれながらネパール人として認めてもらえないということ。この事実を知った時、さすがに強い憤《いきどお》りを覚えた。

何度も役所に通い申請しても、その度に窓口で書類を投げ捨てられる日々が続いた。ときには「父親もいない子が何しに来た」とか「どうせ、やましいことをしに外国に行くんだろう？」と耳をふさぎたくなるような暴言を吐かれることもあった。

投げ捨てられた申請書類を拾いあげるリタの姿が見ていてとても痛々しかった。弱い立場の人々には徹底的に厳しいのが、旅行者には見えないカースト制度を持つ国の現実だ。

突破口を求め、知り合いの弁護士や役人など大勢の人に相談してみたがらちがあかなかった。中にはあからさまに大金を要求してくる者もいて、憤る以外にあがきが取れない日々が続いた。

90年の民主化以降のネパール社会では賄賂《わいろ》がまかり通るようになり、何事もお金で解決することが当たり前のようになっている。豊かな者には際限なく優しく好都合だが、貧しい者には残酷な社会。民主化と資本経済によって新たなカースト制度が生まれたようなものだ。そのことが1996年から始まる反政府ゲリラの闘争につながったことは周知の事実だ。

もうあきらめよう、そんなことを本気で考えていたとき、思いもよらぬ形で風穴が空いた。治療をきっかけに懇意《こんい》にしていた警察関係者が幹部に話をしてくれたようで、事情を知った警察幹部が身元引受人としてサインをしてくれることになったのだ。

彼のサインひとつでリタは国民証と旅券を手に入れることができた。拍子抜けするほどあっけない幕切れにあ然としたが、ネパール社会というのは常にこんな感じだ。現代版のカースト制度でもあるビューロクラシー（官僚主義）によって不可能でさえ可能になってしまうことが多々あるのだ。

立派だったのはリタが一度も愚痴《ぐち》をもらさなかったことだ。彼女の肝《きも》のすわり具合には本当に驚いたが、やはり彼女は何かを持っている子だと確信した。

その後、査証《さしょう》や空港での出国手続きの際にもさまざまな問題があったが、何とかすべてをクリアして機上の人となった。

窓からカトマンズの街並みを見つめながらリタがぽつりとつぶやいた。

「ネパールは美しい国だったのですね」

リタの言葉が共感を呼ぶ

こうして2005年10月、リタを連れて日本へ行った。

北海道、東京、大阪、広島、松山、福岡、熊本を巡り、各地の学校で講演をしたほか、支援団体と交流をおこなった。さらに女性が働く現場を見るために企業を訪問するなど寸暇《すんか》を惜しんで行動した。

16歳のリタにとって見るものすべてが驚きの連続だったようだ。大勢の人がネパールのために応援してくれている事実を知り、人々の温かい励ましと優しさに触れた時、リタはとめどなく涙を流した。学校や支援者の集会では、勉強できた喜びと支援に対する感謝の気持ちを精いっぱい自分の言葉で語り、時にはその気持ちを日本語の「四季の歌」を歌って表したこともあった。

リタの熱誠《ねっせい》は多くの人の共感を呼び、ヒマラヤ小学校への理解が深まることとなった。その後、ヒマラヤ小学校への支援の輪も次第に広がり、「スポンサーシップ制度」の支援者は2008年度に100名を超え、ほぼ全児童に支援者がつくようになった。

思えば学校を開校してからというもの資金集めに奔走《ほんそう》する毎日だった。学校でやりたいことや子どもたちにやらせたいことは山ほどあるのに資金がなくてできない。そんな歯がゆい思いを何度も味わった。道端にお金が落ちていないか確かめながら歩くこともあった。それほどお金を欲していたのだ。

しかし、お金というのは欲すれば逃げるもの。ようやくスポンサーシップの支援者が増え資金が集まったかと思うと、ネパール国内の急激なインフレによって物価が大幅に上昇したり、為替相場の影響を受けたりと、今も薄氷の上をおびえながら歩く状態であることは変わらない。それでも必死にお金を追いかけた時期があったからこそ、お金だけで支援活動はできないという大事なことに気づくことができたのだと思う。

1カ月余りの日本滞在を終えネパールに帰国したリタは、ヒマラヤ小学校の子どもたちに日本訪問の話を聞かせてくれた。

飛行機のこと、海のこと、日本がとても清潔で人々が勤勉であることなど本人が見て来たものを精いっぱい伝えてくれた。とくに支援者の気持ちの部分に時間をかけ丁寧に伝えてくれたことは、子どもの心に強く響いたようだ。

遠く日本から自分のことを多くの人が見てくれている。

この事実を理解した時、子どもたちの表情が変わったことを感じた。子どもたちはお金や物がうれしいわけではない。彼らは常に自分たちを見て欲しい、自分たちの存在を認めて欲しいと願っているのだ。努力に対する誰かの認証があるからこそ、彼らは明日に向かって頑張れるのだ。

リタはその後、2013年に法科大学を卒業して弁護士となり、現在は児童労働者の救済に奔走《ほんそう》している。ネパール大震災の際に大勢の若者をまとめ、支援活動を指揮するなど公私にわたって活躍している。

また、リタの友だちで里親教育基金の第一期奨学生でもあった路上のみかん売りの少女アシュミタは教師となり、現在は大学院で学びながら幼児教育の指導員として各学校をまわり教員の指導をおこなっている。

二人ともアヒルの水かきのような努力を重ね、手に入れた今だ。彼女たちの活躍はヒマラヤ小学校の子どもたちにも大きな希望を与えている。

たくましく成長した歌姫ラクシミ

ラクシミはヒマラヤ小学校が開校して2年後の2006年に入学した女の子だ。

当時、14歳。2年生までは学校に行ったことがあったそうだが貧困のため退学し、その後は家計を助けるため日雇い農業やレンガ工場などで働いていた。弟のナビンとサビンがヒマラヤ小学校へ入学したことを機に、あきらめかけていた学びの夢が再燃したのだという。

ラクシミは歌が大好きな子で、よく歌を自作しては皆の前で披露《ひろう》していた。いつも美しい笑顔を見せる明るい性格のラクシミだが、2007年5月、突如として彼女に大きな不幸が襲いかかって来た。

村人のいわれのない中傷による夫婦喧嘩《ふうふげんか》の末、父親が母親を撲殺《ぼくさつ》してしまうという痛ましい事件が起こったのだ。父親は逮捕され、わずか半年の審理《しんり》によって「殺人罪」で長期刑を受けることになった。最愛の母を亡くし、父親と離れ離れになったラクシミと弟たちは路頭に迷ってしまったのだ。

ネパールの村社会では今も秩序を乱すものに対して容赦《ようしゃ》なく「村八分《むらはちぶ》」にする習慣が残っている。魔女狩りなどの因習《いんしゅう》もその一例だ。親族や近隣の人々は誰一人としてラクシミ兄弟を助けることなく、村人の偏見は「人殺しの子ども」としてラクシミと二人の弟に向けられた。兄妹3人でうす暗い部屋に閉じこもり、耳をふさぐ日々が続いた。

更に追い打ちをかけるように、親類の一人がラクシミを人身売買しようとしていることが判明した。

当時14歳のラクシミに背負いきれない不幸が次々と襲ってきたのだった。彼女を救おうと、先生たちが力を合わせて救出に動いた。親類宅へ出向き、長時間にわたる説得をおこなった結果、なんとかラクシミを助け出すことができた。

事情を知ったヒマラヤ小学校の支援者がラクシミと二人の弟の当面の生活費を工面してくれたことも大きな助けとなった。

ラクシミたちが元気に登校する姿を見る度に安堵《あんど》の胸をなで下ろした。たとえ一人でも塵界《じんかい》への道から救えたことは、僕たちにとっても大きな自信となった。

歌唱コンテストで優勝の快挙

「ラクシミを歌唱コンテストに出場させようと思っています」

ヤッギャ校長から相談を受けたのは、ラクシミを救出してまだ間もない頃だった。

ラクシミは歌が得意であることは分かっていても、事件から未だ日も経っていないため時期尚早《しょうそう》ではないかという意見も出たが、ヤッギャ校長の決心は固まっていたようだ。

ラクシミに歌唱コンテスト出場について打診《だしん》すると、ラクシミはうれしそうな表情で「出てみたい」と首を斜めに傾けた（ネパールではOKの時、首を斜めに傾ける）。こうしてラクシミはパタン市内で開催された歌唱コンテストに出場することになった。

コンテストは有名歌手のウダヤ・スヌタン氏が審査委員長を務める本格的なものだった。ラクシミが歌ったのは「勉強したかったけど」という自作曲。勉強したくても学校へ行けない、貧しい少女の悲しみを歌った曲だ。

ラクシミが万感の思いを込めて歌い切ると会場は一瞬の静寂の後、万雷《ばんらい》の拍手に包まれた。その歌声は多くの人の心に響き、彼女は見事、ソロ部門で優勝を果たした。優勝の楯《たて》を抱きしめた時、ラクシミは過去ではなく未来を見つめる人になっていた。この優勝によって、ラクシミはこれまでの悲しみを一気に乗り越えたのだ。

自分の歌が世界へ

ラクシミの活躍は日本の支援者にも知れ渡り、逆境に負けず、ひた向きに生きる姿は多くの人の共感を呼ぶこととなった。

コンテストで歌うラクシミ。
彼女の可憐な歌声は日本航
空（JAL）国際線の機内放
送で紹介され世界中の人々
の耳に届くことになった

優勝の楯を抱きしめる。つ
らい過去を乗り越え「未来
を見つめる人」となった

そんな中、ヒマラヤ小学校を熱烈に応援してくれている東京の「めぐりの会」の皆さんから、「ラクシミの詩を翻訳して詩集をつくりましょう」という提案を受けた。早速、彼女が書きためた詩を翻訳したところ、めぐりの会の皆さんが手づくりで詩集をつくってくれることになった。

完成したB5サイズの詩集を300円でチャリティ販売したところ瞬く間に完売し、寄付金も含めて5万円が集まった。集まったお金の使途をどうするか、みんなで話し合った結果、ラクシミの可憐《かれん》な歌声を記録に残そう、ということが決まり、ヤッギャ校長の友人で音楽家のビナヤ・ラマ氏の全面的な協力の下、原曲にできる限り忠実に編曲をおこない、歌を録音することになった。

間もなくして、ラクシミが作詞作曲したオリジナル5曲を収録したCD「ねがい」が完成した。しかも、ラクシミの歌はNHK－FMの番組で紹介されたことを機に、日本航空国際線の機内放送で二度にわたり放送され、世界中の人々の耳に触れることとなった。

ラクシミというひとりの少女のひた向きな思いが大きなうねりとなり、詩集、CDの製作、そして世界の人々に可憐な歌声を届けることができたのだ。

これまで目の前のことに追われ、じっくり開校の喜びに浸ったことのなかった僕も、この時ばかりは我を忘れて喜んだ。ラクシミのように常に謙虚な心を持ち続けていれば、人はあらゆる人、出来事から学び、助けを得ることができると教えられた。

ビンドゥの死

ヒマラヤ小学校が開校から5周年を迎えようとしていた2009年2月。もう一息で初めての卒業生を送りだせるということで、僕の心はもう大丈夫という気持ちで満たされ、5周年を迎える喜びで舞い上がっていた。

開校以来、最も悲しい出来事が起きたのは、そんな矢先だった。もしかすると「大丈夫」と思った瞬間から、失敗はすでに始まっていたのかもしれない。

支援活動で難しいことのひとつは、どこまで踏み込むかだ。

支援をしすぎれば現地の人々の意欲を削《そ》ぎ、支援に対する依存心を高めてしまう。かといって直面する問題を座視《ざし》することはできない。ヒマラヤ小学校を開校してからずっと、各家庭で起こるさまざまな問題にどこまで踏み込むべきなのか自問自答する毎日が続いていた。

ヒマラヤ小学校の3年生で学ぶビンドゥは、姉のインドゥと共に2004年の開校時に幼稚園年少クラスに入園した女の子だった。人懐《ひとなつ》っこく、底抜けに明るい性格で誰からも愛される子だった。

入学したばかりの頃はひとつ上のクラスで学ぶ姉のインドゥから片時も離れようとせず、引き離すのに苦労した。毎日のようにビンドゥを叱《しか》って泣かせたことをよく覚えている。それでも帰り際には必ず、日本語で「サヨナラ〜」と言って笑顔で手を振ってくれたのがとても懐かしい。

入学して数カ月が過ぎ、ようやく姉のインドゥから離れることができるようになり、ビンドゥが楽しそうに授業を受けている姿を見た時は本当にうれしかった。

ビンドゥはチョコレートが大好きな子だった。

ある日、支援者からもらったチョコレートを子どもたちに配った時、「しーっ」と言ってビンドゥにこっそりひとつ余分にあげると、とても喜び、翌日そのお礼に小さな野花をプレゼントしてくれた。

弁当箱に干したトウモロコシがたくさん入っていると、弁当箱を振って音を立てながら「こんなに入っているよ」と、うれしそうに自慢してきた。そんな時は必ず、弁当を持っていない友達にひと握りのトウモロコシを分け与えていた。ビンドゥは本当に優しい子だった。

そんなビンドゥが病を患《わずら》ったのは2008年の夏のことだった。学校を休んでいたビンドゥを訪ねると、薄暗くじめじめした小さな部屋の片隅で、苦しそうな表情を浮かべながら横になっている彼女の姿があった。

こちらの問いかけにもなかなか答えられないほど、ビンドゥは衰弱していた。両親は生まれたばかりの長男を可愛がるあまり、ビンドゥのことをまったく気にかけてない様子だった。

心配した僕たちはビンドゥを友人の医師に診《み》てもらうことにした。医師はビンドゥの腎臓の数値がかなり悪いので早急にカトマンズの総合病院で診てもらうよう指示し、医療費免除のために必要な紹介状まで出してくれた。

ビンドゥを家に送り届けた際、医師の紹介状を持って必ずビンドゥを病院へ連れて行くよう両親に伝えた。この時、僕は「自分たちのやるべきことはここまでだ」と頭から決めていた。これ以上、こちらで動いてしまえば援助が当たり前になってしまう。ここから先はすべて親に任せるべきだ。この時、自分の判断に何の疑いももっていなかった。

しかし、僕たちの思いとは裏腹に事態は悪い方向へと進んでしまった。両親は長男を可愛がるあまりビンドゥを病院へ連れて行かず、そのまま放置してしまったのだ。ようやく気づいた時には既《すで》に手遅れの状態だった。

2009年2月1日、ビンドゥは夭逝《ようせい》した。享年10歳。つんのめるように過ぎた、あまりに短い一生だった。僕はやり場のない思いに包まれ、「ビンドゥ、ごめんよ」と何度もささやき、うつむいたまま唇を噛んだ。

自由をください

ビンドゥの死は僕がネパールで活動を始めてから最も悲しい出来事となった。悔やんでも仕方ないと分かっていながら、もっと気をつけていれば、もっと努力していれば、最後まで面倒

わずか10歳という若さで夭逝したビンドゥ。ビンドゥの死は20年間の活動で最も悲しい出来事となった

を見ていれば、救えた命だったかもしれないと思うと悲しみがぐっと込み上げてくる。もしビンドゥが日本で生まれていたなら……詮《せん》ないことと知りながらそう考えずにはいられなかった。

ビンドゥの死は、男子の誕生を望むネパールの世俗的な問題も大きく絡《から》んでいる。そう思うと、僕たちの活動がまだ道半ばであることを痛感する。

ビンドゥは多くの少女と同じく〝愛されている〟という確信を持つことなく、その一生を閉じた。待望の男子が生まれ両親の愛情がすべて弟に注がれたことは、ビンドゥの寂寥《せきりょう》を更に深いものにしたはずだ。

死の前日、「今日はずっと病院にいてほしい」と蚊の鳴くような声でお願いするビンドゥに、父親が「弟が寂《さび》しがるから帰る」と答えると、ビンドゥは「もう二度と来ないで。私が死んでも放っておいて」とポツリと言って涙を流したそうだ。

僕たちはビンドゥが小さな体で精いっぱい残したメッセージをしっかり受け止め、これからの活動に生していかなければいけない。ビンドゥの死を決して無駄にはしたくない。「ビンドゥは長い苦しみから抜け出し、自由の身になったのだ」。いつかそう思える日が来ることを僕たちは信じている。

ビンドゥのことを思う時、必ず心に浮かぶ詩がある。それはインドのノーベル文学賞詩人、ラビンドラナート・タゴールの詩だ。この詩をビンドゥに捧げたい。

わたしに自由をください
野を飛ぶ小鳥のように　小道を行く旅人のように
わたしに自由をください
大雨のあと水があふれるように
見知らぬ土地をめざして　突進する風のように

五島昭著「インドの大地で」(中公新書)

ゼロからやり直し！

ビンドゥの死に直面した時、岩を山頂まで運び上げた途端、岩が下まで転がり落ちていくアルベール・カミュの『シシューポスの神話』の話を思い出した。その目的と意味とを奪われた時、労働そのものが恐るべき刑罰になることを物語っている話だ。

卒業生を送り出すことを目標に続けて来たこれまでの5年間は一体何だったのだろう。まるで時計の針を押し戻されたような思いがして、心の中が空っぽになった。

学校を開校したのは子どもの命を守るためではなかったのか。保健衛生を根付かせようと、あえて家庭にまで入り込んだのは何のためだったのか。自問自答する日々が続いた。

そんな僕を救ってくれたのは子どもたちだった。落ち込む僕を見かねた子どもたちが、みんなで書いたという寄せ書きをくれたのだ。寄せ書きには「泣かないで」や「いつも笑って」などと英語やネパール語を交えたさまざまなメッセージが綴られていた。

落ち込んだ姿を見せないようにしていたはずなのに。子どもは驚くほど敏感に大人の心の在り方を悟るのだ。彼らの温かい優しさが僕の心を捉えて放さなかった。

自分のまわりにはこんなにも素晴らしい子どもたちがいる。もう一度、ゼロからやり直そう。「ビンドゥの死があったから」。いつかそう言える自分を手に入れるまで、すべての気取りを捨て、体ごとネパール社会にぶつかっていこう。

僕は自分自身にセカンドチャンスを与えることを決めた。

第7章

自立へ

職業訓練で自立を目指す

ヒマラヤ小学校が開校5周年を迎えた2009年、18人の第1期卒業生が学校を巣立っていった。僕が33歳の時だった。気がつけばネパールへ渡り11年が過ぎていた。

卒業生を送り出した喜びに浸《ひた》る間もなく、僕たちは次のステップに進まなければならなかった。職業訓練所の設立だ。既《すで》に日本人支援者の協力で3階校舎も完成し、場所はできていた。あとは肝心《かんじん》のプログラムづくりだ。

職業訓練は卒業生や児童の保護者、村の女性たちの自立を目的に始めたもので、彼らが自らの足で立ち、歩いて行くための自己実現のトレーニングの場だと考えている。

ヒマラヤ小学校は将来、支援に頼らない学校を目標としているが、それを実現させるためには現在の無償《むしょう》教育から有償《ゆうしょう》教育に段階的に切り替え、授業料を徴収《ちょうしゅう》する形で学校を運営したいと考えている。有償化によって保護者に一定の責任を持ってもらうことは学校を継続させる上でとても大事なことだ。

そのためにも職業訓練を通して、卒業生や保護者を含めた村人が家計を支え、授業料が払えるくらいの現金収入を得ることがまずは目標だった。

ヒマラヤ小学校の第1期卒業生18人のうち、約半数は公立の中学校へ進学し、残りは職業訓練で自立する道を選んだ。卒業時、多くの子が15歳を超えていたこともあって、進学するよりも技術を身につけ生活できるようになりたいと職業訓練の道を選んだようだ。職業訓練の道を選んだ卒業生たちを応援しようと、「国際ソロプチミスト東京 - 新宿」と「駒場ケナフ工房」、ユネスコのプロジェクトである「コミュニティ学習センター」が協力してくれることとなり、職業訓練のプログラムづくりが始まった。

職業訓練のプログラムは、設備があまり必要ないこと、一人でもできること、仕事として成り立つことなどを基準に考え、まずは美容師養成、蝋燭《ろうそく》づくり、フェルト、洋裁、ビーズの刺繍、ケナフを使ったものづくり、カトマンズ盆地で伝統的におこなわれている木工細工などを実施することになった。

よいものをつくりたい

ものづくりで大事なことは、よいものをつくりたいという意欲をつくり手が持つことだ。

よいものをつくるためにはどうすればよいか、何が本当によいものかを自分自身に問い直してみる。その努力の積み重ねがいつか誇りになるのだと思う。

誇りは人間の存在にとって絶対に欠かせないものだ。彼らが自らの足で立って歩き、自分の生活を、村を、自分の力で支えられるようになるには、仕事に誇りを持つことが大切だと思う。それを引き出すのが僕たちの役目だ。

とはいえ実際にものづくりを始めてみたが、なかなか思い通りには行かなかった。ネパールにはそもそも日本のように「蘊奥《うんおう》を極める」という感覚がない。でき上がった品物は大きさや形などすべてにバラつきがあり、売りものにならないような杜撰《ずさん》なものばかりだった。

もちろんこれには、出自《しゅつじ》によって定められた世襲《せしゅうせい》制の職業カーストの影響もあると思われる。ものづくりの職人カーストでない人々にとって何かをつくる作業は、それまで培《つちか》ってきたものがないだけに、こちらが考える以上に難しいようだ。

ただ、でき上がった製品は洗練こそされていないものの、なんともいえない独特の趣《おもむき》があり、日本でチャリティ販売をした時には予想以上に好評だった。

こちらが事細かく指示を出すよりも、彼らが自由に学び、発見できるようにしよう。そして意図せずにじみ出る彼らの個性が生かせるような取り組みにしよう。さまざまな修正を加えながら職業訓練プログラムは進んで行った。

信頼を稼ぐことを忘れて……

いくつかの職業訓練をおこなう中で木工細工やトルコ石を使った装飾品づくり、フェルト、女性の国民服であるサリーの刺繍《ししゅう》付け（エンブロイダリー）が上手くいくようになった。とくにサリーの刺繍付けは近年の経済発展にともなう中産階級層の増加で、より豪華で美しいサリーを求める声が高まり、生産が追い付かない状況が続いた。

サリーの刺繍付けは4人の女性が一組になり、約6メートルの布にビーズの刺繍を施していく根気のいる作業だが、歩合制で現金収入が得られるとあって参加者は寸暇《すんか》を惜しんで作業に取り組んだ。

その甲斐もあって卒業生だけでなく村の女性もどんどん参加するようになった。職業訓練の様子はＮＨＫの番組でも紹介され、前に向かって着実に進んでいることを実感できるようになった。

「これでもう大丈夫」

参加者の誇らしげな顔を見て、僕は愁眉《しゅうび》を開いた。


このまま順調に進んでいくと思っていた刺繍付けの職業訓練だったが、予想もしない問題に直面した。突然、主力メンバーの3人が辞めてしまったのだ。現金収入が得られるようになり、まさにこれからという時だった。

3人が辞めたのは、一部の村人から「女が家の仕事もせず、集まってお茶を飲んで遊んでいる」と陰口を叩かれたことが原因だった。

「村の女を使って金儲けをしている」。村人の陰口は僕にも向けられていた。どこを押せばそんな音が出るのかと唇を噛んだが、その時はまだ、心ない村人のヤキモチ程度にしかとらえていなかった。収入を得て家計を支えられる参加者がどんどん増えれば、またみんな戻ってくる、そう信じて疑わなかった。

しかし、実際にはそうはならなかった。

その後も参加者がひとり、またひとりと抜けていき、とうとう受注したサリーの生産ができなくなってしまったのだ。誰もいなくなり静まり返った作業場を見た時は愕然《がくぜん》とした。そしてその時になって初めて、僕は自分の失敗に気がついたのだった。

僕はお金を稼ぐことに必死になるあまり、村人の信頼を稼ぐことを忘れてしまっていた。伝統的な男性優位社会が残るネパールでは女性の地位はとても低く、今も「夫は神である」という素朴な教えを信じる女性は多い。夫を拝むことは神への信仰を意味し、女性が家事や農業以外のことで表に出て活動することは、社会の秩序を乱すと考える村人も多い。

そんな社会の現実に目を向けず、参加者がお金を稼ぐことが自立のすべてと単純に考え、僕は突っ走ってしまったのだ。本来、自立はまわりの支えによってようやく実現できることなのに……。

ネパールで暮らし始めて十数年が過ぎ、何もかも分かったつもりでいた自分自身の慢心が招いた結果だった。僕はいつものように泥縄《どろなわ》の対策を打つことになった。

内職型のプログラムに変更

村人に活動を理解してもらいながら職業訓練を定着させるためには一体どうすればよいか、皆で何度も話し合いを重ねた。

村社会は急激な変化を望まない。そのことを踏まえ、小さなことをひとつずつやっていくことになった。作業を分散化するなどして、それまでのように参加者が一カ所に集まらなくても、家事の合間に内職としてできるよう変更した。

また、家計を支えるという大きな目標をやめ、生活の足しになるくらいの収入という身の丈に合った目標を設定することで、ゆるやかに活動を進めることになった。

現在、卒業生や村の女性たちは、余暇を利用し各家庭でフェルトやアクセサリーづくりをおこなっている。サリーの刺繍付けは現在も中断したままだが、いつか環境が整った時に再開できればと考えている。これまでやってきたことは決して無駄ではないはずだ。

自立の道を歩み始めた子どもたち

職業訓練を始めて10年近くが経過した。

ぽつりぽつりとではあるが学んだ技術を生かして生活できるようになった卒業生が出るようになった。

木工細工を学んだ第1期卒業生のスモンは現在、彫刻師として仏像をつくり家族を支えている。在校時はやんちゃ小僧の代表格だった彼も、今ではたくましい青年に成長し、その表情からは誇りを見ることができる。

装飾品づくりを学んだラムは、親方から真面目な性格と手先の器用さを見込まれ、今では大事な作業を任されるようになった。離れて暮らす母親にささやかな仕送りをすることが彼の心の支えとなっているようだ。

受ける側から与える側になったことで彼らの心は、自分たちが日々、新しくなって広がって行く感覚に満たされているのではないだろうか。近い将来、彼らが先達《せんだつ》となり、後進たちにたくさんの光明を与える存在になってくれると信じている。

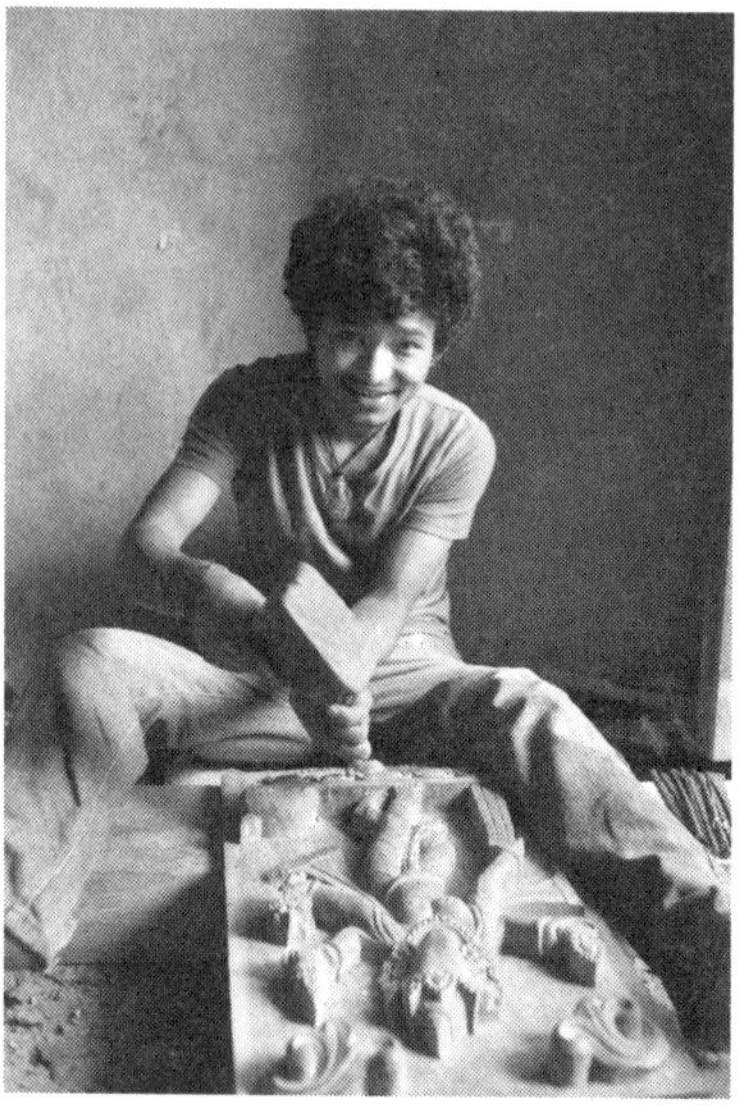

彫刻を学び自立の道を歩むスモン。彼の存在が後輩たちの希望となっている

装飾品づくりを学んだラム。離れて暮らす母親に仕送りすることが彼の心を支えている

近代化の波に揺れる社会

ネパールは今、近代化の波が押し寄せ社会が大きく変わろうとしている。歴史の大きな揺れが人々を不安にさせ何が真実なのか見えにくい、そんな世の中が続いている。

近代化によって経済発展を続ける反面、社会的な関係の崩壊が止まらない。民主化した90年以降、政党政治は迷走と混乱を極め、その結果、1996年から始まった共産党武装組織マオイストによる人民戦争が始まり、停戦に合意した2006年まで10年あまりの間に約1万3千人が命を落とした。

この間、国民から慕《した》われていたビレンドラ国王夫妻をはじめ王族9人が王宮内で殺される「ナラヤンヒティ王宮事件」が発生したり、治安悪化により非常事態宣言や外出禁止令が発令されるなど社会は混迷を極めた。

内戦下では村人の多くがマオイストと政府治安部隊の間で板挟みになり、苦汁の日々を送った。非協力的であることを理由にマオイストから殺害されたり、治安部隊からはマオイストとのつながりを疑われ理不尽に殺されるようなケースが各地で多発した。犠牲になるのは常に弱い立場の人々だった。

僕自身、内戦下の西ネパールで行動を疑われ治安部隊に拘束《こうそく》されたことがあった。日本人であることを証明し辛うじて解放されたが、もしネパール人だったらどうなっていたか分からない。

往診治療中の村では武装したマオイストがやってきて、村の若者を恫喝《どうかつ》して連れていくところを目の当たりにしたこともあった。拒否すれば殺されるという。

知人が治安部隊やマオイストによって殺されたこともあり、内戦の拡大と深刻化をいや応なしにも感じるようになった。2000年以降は、それまで安全と言われていたカトマンズでも爆破事件が起こるようになり、治安作戦を指揮していた武装警察の長官が殺害されるなどの事件が頻発した。

ネパール人同士が憎しみ合い殺し合う、本当に嫌な時代だった。

内戦終結後の2008年には王制が廃止され、ネパールは共和制へと移行した。治安の回復と共に経済活動が活発化し、出稼ぎ労働者の送金で集まったお金がすさまじい勢いで土地投機に流れ、カトマンズなどの都市部では高層マンションやショッピングセンターの建設ラッシュが続いた。

国内に産業のないネパールでは若者の多くが中東、湾岸諸国へ出稼ぎに行っている。正確な数は不明だが、外国で働くネパール人出稼ぎ労働者数は220万人にのぼると言われている。出稼ぎ労働者からの送金がネパールの国内総生産の約30パーセントを占めている現状だ。

インフレ率は10パーセントを超え、物価は軒並《のきな》み数倍に跳ね上がり、貧しい人々の生活を直撃している。

出稼ぎに出る人々の多くは教育を受けていないため単純労働者だ。豊かさと自由を求めて出稼ぎに行ったものの、途中で病気や怪我をしたり、過酷な労働環境に耐えかねて戻って来る者も多い。エージェンシーに支払うために借りた多額の借金だけが残った、という者もかなりいるようだ。

「ネパールは多民族国家だが本当は2種類しかない。それは、リッチとプアだ」

出稼ぎ先のカタールから道半ばで戻って来た村出身の青年が、深いため息をもらしながら話していたことを今も忘れることができない。

元々あった貧富の格差に加え、資本主義の恩恵を受けた者と受けなかった者との間で更に格差が広がり、〝富める者はますます富み、貧しき者はますます貧しくなる〟という状態だ。

富の拡大を生活の向上と誤認し、生活そのものが失われつつある現状には、自然とため息がこぼれてしまう。精神的な荒廃は進む一方だ。この先、ネパールは一体、どこへ向かおうとしているのだろうか。先の見えない明日に不安を覚えるのは、僕だけではないと思う。

ネパール大震災の混乱と病気

2015年4月25日、ネパールをマグニチュード7.2の巨大地震が襲い、約9千人が犠牲になった。

ヒマラヤ小学校のある村も地震の直撃を受け壊滅的《かいめつてき》な被害を受けた。小さなレンガの家が立ち並ぶ牧歌的な村の景色は、一瞬にして瓦礫《がれき》と化してしまった。幸いヒマラヤ小学校の校舎は倒壊を免れた。また、地震発生が休日の午後だったため、児童の多くが川へ洗濯に出かけていたこともあり人的被害はなかったが、全児童の家が倒壊し住む場所を失った。家族に死傷者が出た家庭も少なくなかった。

震災後、子どもたちの安否を確認する作業は困難を極めた。連絡手段がない上に、一軒ずつ家を訪ねようとしても倒壊した建物で道がふさがっていたり、土砂崩れで道そのものがなくなって通行不能になっている個所もたくさんある。

さらに余震を恐れ、ほとんどの村人がどこかへ避難していたことや、行政による災害時の安否確認体制がまったくないため、人づてに確認する以外、術はなかった。日本から児童の安否に関する問い合わせがひっきりなしに続く中、返答できないもどかしさで心身共に憔悴《しょうすい》した。

ネパールが震災の大混乱に陥る中、僕は体調を崩し倒れてしまった。

高熱と共に背中がひどく腫《は》れ上がり、体中が火のように熱くなった。腹部と背部に杭を打ち込まれたような激痛が走り、さらに大量の血尿も出て、一歩も歩けないほど、体力が奪われていった。

「急ぎ病院で精密検査を受けてください」

ほうほうの体《てい》で日本に戻り、運ばれた医院で診察を受けると担当の医師が困ったように唇を噛みながら話した。

日本に帰り抗生剤でも飲めば治ると安易に考えていた僕は、思いもよらない展開に、まるで薄暗い地下室へ放り込まれたような気持ちになった。

ひたひたと身に迫る災厄《さいやく》の予兆を感じながらも、僕はまだ自分の体力と運を信じ、ささやかな希望を持っていた。

15年ほど前、腸チフスを罹患《りかん》し、隔離《かくり》病棟で2カ月近く入院したことがあった。あの時も高熱にうなされ、しばらく死人のようにぐったりとしていたものの、合《あ》い薬《ぐすり》と休息によって運よく回復し、ネパールでの活動復帰を果たすことができた。

「あの時と同じように、休めばきっとよくなる」。どんよりと頭の中が曇る中、僕は祈るように自分に言い聞かせた。

しかし、何の根拠もない僕の希望的観測はものの見事に外れてしまった。

精密検査の結果、膀胱《ぼうこう》内の尿管口付近にがんが見つかったのだ。背中の腫れと痛みは、がん細胞が尿管口をふさいだことで腎臓《じんぞう》が腫れ、腎不全を起こしていることが原因だという。担当の医師から「このまま放置すれば命にかかわる危険がある」と言われ、すぐに手術を受けることになった。

さらに不運は続き、ブドウ糖に近い成分を体内に注射してがん細胞を見つけ出す「Ｐｅｔ」と呼ばれる検査を受けたところ、リンパ節への転移の可能性もあるというのだ。恐怖心が体の芯に食い入り、僕は40年ちかく生きて、はじめて〝死〟というものを意識した。

心の奥底でとらえどころのない焦燥《しょうそう》と苦悩を感じたまま、手術と入退院を繰り返す日々。その間もずっと学校のこと、子どもたちのこと、とくに被差別階級の子どもたちのことが頭を離れなかった。

ネパールが大地震で大変な時に何もできない自分の不甲斐《ふがい》なさに苛立《いらだ》ち、点滴サーバーと足の付け根に埋め込まれたリザーバーを引き抜いて今すぐにでもネパールに戻りたい、そんな衝動に何度も駆《か》られた。

しかし、蜘蛛の巣にからめとられた小さな昆虫のように、身動きできない状態が続いた。薬の副作用による嘔吐《おうと》と痛み、延々と繰り返される検査……僕はどうしようもないほどふさぎ込み、いっそのことパチッと電気のスイッチを切るように消えてしまいたい、そんなことまで考えるようになっていた。

そんな僕をギリギリのところでつなぎとめたのは、他ならぬヒマラヤ小学校の子どもたちの笑顔だった。

彼らの無邪気な笑顔に会いたい。数時間だけでいい、もう一度、元気になって彼らと会い、一緒に腹の底から笑いたい。そんな思いが、僕が病気と向き合う唯一の糧となっていた。

一通の便り

ヒマラヤ小学校を黎明期《れいめいき》から支え、学校の基礎づくりに尽力してくれたヤッギャ先生が、2012年春、職業訓練に注力するため退任した。

彼が抜けた穴は予想以上に大きく、その後の学校は尾翼《びよく》を失った旅客機のように迷走を続けた。それほどヤッギャ先生の存在は大きかったのだ。

急激な近代化の波が打ち寄せる中、先進国の轍《てつ》を踏むようにネパールでも制度主義や画一主義が強化され、管理教育が推奨されるようになった。

ヒマラヤ小学校でもヤッギャ先生の退任以降、社会の流れに竿をさすように管理教育が推し進められた結果、さまざまな混乱が生じてしまった。もともとヒマラヤ小学校は子どもたちが自らの力で育つ学校。うれしい時は共に喜び、悲しい時はじっくりと励まし、迷った時にはそっと背中を押す。そんな環境の中で子どもたちは自ら学び、育ってきたのだ。

管理教育を推し進めることによって、その「かけがえのなさ」を失ってしまえば、人を育てることはできない。

こうして学校が大きく迷走する中、追い打ちをかけるようにネパール大地震と僕のがん発病が起こったのだ。

学校を立て直したい思いと体調不良で身動きがとれない現実。何もかも見通しがつかず、明日の自分すら想像できない、本当に苦しい時間だったが、そんな僕を救ってくれたのはヤッギャ先生から届いた一通の便りだった。

「子どもがいるかぎり学校は大丈夫です。私はいつでも学校に戻る覚悟があります」

手紙には温かい見舞いの言葉と共に、力強い文字でこう書かれてあった。手紙を読み終えた時、僕の心は大きな感動に包まれ、自然と涙が湧《わ》き出て来た。

思えば僕のまわりにはヤッギャ先生をはじめ、学校を共に立ち上げつくって来た仲間、そして子どもたちがいるのだ。

彼らがいるかぎり学校を立て直すことも、自立を達成することも必ずできる。ヤッギャ先生の言葉に勇み立ち、体中の血が熱くたぎった。

勇み足を踏む

病気の発症から7カ月あまりが過ぎた頃、なんとか体力の回復を実感できるようになり、僕は日本国内での活動を再開した。

医師のすすめで受けた治療が合《あ》い薬《ぐすり》となり体力が回復したのだ。定期検査で高度の「異型細胞」が認められるなど、依然としてがん再発のリスクが高いままとはいえ、支援者や友人、知人と再会し、再び活動を始められたことは本当にうれしく、枯れない泉のように全身から喜びが湧き上がってきた。

国内でのささやかな活動を続けるうち、僕はネパールでの活動復帰を強く望むようになった。18年間、現場で活動を続けて来たという〝臆病《おくびょう》な自尊心〟が、ネパールに戻らなければ、という強い焦《あせ》りに変わっていったのだ。

「とにかくネパールに行こう」。僕は担当医に相談することなく、心が浮ついたまま取るものも取りあえずネパールでの活動復帰に向け動いた。

そんな僕をたしなめてくれたのは、ヒマラヤ小学校を長年にわたり応援してくれている東京の「めぐたまの会」の皆さんだった。

僕がネパールでの活動再開の考えを告げると、「心の片づけをしなさい」と思ってもいない答えが返ってきた。今こそ、すべてを現地の人たちに任せることで彼らの自立を推し進めるべきだというのだ。

ネパールでの活動再開しか頭になかった僕は、まるで銃弾で胸を撃ち抜かれたような衝撃を受けた。

僕は何を血迷っていたのだろう。これまで現地の人たちの力で運営できる学校を目指してやってきたはずなのに。いつの間にか僕は自分がいないと学校が成り立たないと身勝手に思い込んでいたのだ。

彼らの自立を阻害《そがい》していたのは、実は自分自身だったのではないか。この時、初めて気がついた。

ヒマラヤ小学校を開校したばかりの頃、僕はあらゆることに手を出して、子どもたちの生きる力を奪ってしまった。その失敗に気づかされ、子どもを徹底的に信じてすべてを任せることにしたはずなのに、僕はその貴重な体験をいつの間にか忘れてしまっていたのだ。

もう一度、過去の失敗を正確に評価して血肉化しよう。そして今度こそ現地の仲間を信じて、すべてを任せよう。僕はこのまま現場から離れることでプレーヤーからサポーターへ変わる決心をした。

それは現場にこだわって来た僕にとって、これまでで一番重い決断でもあった。

心の片づけ

地震発生から1年が過ぎた頃、現地で少しずつ動きが出始めた。学校を変えていこうと先生たちや村人が自主的に行動を起こしたのだ。

2017年、学校長を解任し運営委員会の刷新《さっしん》が行われた。「いつでも学校に戻る覚悟があります」という言葉通り、ヤッギャ先生が運営委員会の代表に就任すると共に学校長に復帰することが決まった。長くダッチロールを続けていた学校は現地の人たちの自主的な動きで、〝子どもが自ら育つ学校〟へと力強く再発進したのだ。

振り返ると、地震や病気という不運の連鎖《れんさ》によって僕と学校に「距離」ができたことは、思わぬ形で好転をもたらした。

もし地震と病気に見舞われていなければ、僕はいつまでも踏ん切りがつかず、現場を離れることはできなかっただろう。そして自立の道はずっと足踏みをしていたはずだ。

そう考えると地震や病気という不運によって、僕たちは互いに「心の片づけ」をすることができたのではないだろうか。もしかすると、これも自立を達成するために三億三千の神様が定めた、逃れられない「カルマ（因果）」だったのかもしれない。

社会の混乱が続く中、今も学校には問題が山積している。それでも一人ひとりが〝人を育てる〟という思いと、状況を少しずつでも変えようとする意識を持っていれば必ず学校を立て直し、自立を達成できるはずだ。

牛も千里馬も千里。子どもたち、そして学校が、よろめく明日を乗り越える自信をつかむまで、悠久の時間に身をまかせ、あわてず、休まず、諦めず、前に向かって進んでくれたらいいいと思う。僕なりに学校との新しい関わり方を模索しながら、両目をしっかり開いて彼らの自立の道を見届けていきたいと思う。

もちろん、最下層の貧しい人々が常に求めていた〝いつも共にいる〟という共感の心を持って。

エピローグ

人の歩みというのは計りがたいものだとつくづく思う。ほんの1、2年のつもりで渡ったネパールに、これほど長い期間、どっぷり浸かるとは夢にも思っていなかった。

これまでの20年の活動をふりかえると、「挑みと挫折」の繰り返しだったように思う。

組織に属さず、社会的な信頼も実績もまったくないまま22歳でネパールに渡り、ひとり思いつきで始めた貧しい人たちへの医療支援と、教育機会のない子どもたちへの教育支援活動。そしてクラーク記念ヒマラヤ小学校の開校と運営……。

目の前にある問題をなんとかしたいという必死の思いで飛び込んだものの、足を踏み入れるたびに厳しい現実を突きつけられ自己嫌悪と無力感にさいなまされた。

心が折れ、弱い自分に負けそうになることもたくさんあったが、そのたびに人と出会い、そして助けられ、ぎりぎりのところで踏ん張ることができた。

成功よりも続けることに意味があると多くの支援者から励まされたことは、くじけそうな僕の心にいつも希望を与えてくれた。ほんとうに「人に恵まれた20年」でもあった。

社会から放り出された子どもたちが教育によって新しい命をふきこまれたかのように鮮やかに変わり、羽ばたいていく姿を間近で見られたことは、僕に大きな喜びと学びの収穫をもたらしてくれた。

子どもたちがもつ開けっぴろげな明るさとけなげな優しさ、ヒマラヤのように輝く笑顔が、僕の心をとらえて放さなかった。

子どもたちにはたとえ貧しくても、幸せを感じながら胸を張って生きて欲しい。それが僕たちの願いであり、目指す自立の姿でもある。

近年、日本の若者の間に内向き志向が強まり、海外への興味や関心が少なくなっていると耳にすることが多い。

たしかに世界に飛び出し何かを始めることはさまざまな困難がつきものだ。それでも日本では得られない学びや気づきがたくさんあると思う。世の中にはきっと外に出なければ出会えないことがたくさんあるはずだ。

この本を手にとってくれたことが世界に目を向け、何かを始めるきっかけになるなら、これほどうれしいことはない。

最後に、未熟な僕をいつも大きな心で支えてくださったネパールの人々、たくさんの出会いのきっかけをつくってくださった萩野昭子さんとおかどめぐみ子さん、いつも温かい励ましの言葉をかけてくださる川島光子先生と友人の皆さま、毎年秋に子どもたちの絵画展を開催してくださっている築地・ふげん社の関根薫社長、店主の史さんに心から御礼申し上げます。そのほか、うれしい時も苦しい時も変わらず支えてくださる全国の個人支援者、各団体、企業、後援会の皆さま、学校開校にご協力いただいたクラーク記念国際高校教職員ならびに生徒有志、父兄の皆さまに感謝申し上げます。

本書の出版にあたり、「写真集食堂めぐたま」のおかどめぐみ子さんと土岐小百合さんには起稿から脱稿に至るまでたいへんお世話になりました。お二人の激励がなければ本書を書き上げることはできませんでした。また身勝手なお願いにもかかわらず快く出版の道を開いてくださった菅聖子さんに心より御礼申し上げます。

旬報社の熊谷満さんには拙稿に何度も目を通していただき、その都度、適切な助言をいただきました。この場をお借りして御礼申し上げます。本当にありがとうございました。

２０１８年夏

吉岡　大祐

[ご支援のお願い]

ヒマラヤ青少年育英会では、ヒマラヤ小学校へのご支援をお願いしています。支援金は無償教育のために必要な教科書や学用品の購入をはじめ、栄養改善プログラム（給食）や図書室の整備充実、職業訓練などのプロジェクトのために役立てます。

一口3000円、5000円、1万円の中からお選びいただき、使途を指定いただくことも可能です。詳しくはホームページをご覧ください。

『郵便局からお振込みの場合』

加入者名 / ヒマラヤ青少年育英会
口座 / ゆうちょ銀行
記号 / 10190　番号 65329111

『郵便局振替口座』

口座記号番号 / 00150－9－318410
加入者名 / ヒマラヤ青少年育英会

『銀行からお振込みの場合』

口座 / ゆうちょ銀行
店名 / 〇一八（ゼロイチハチ）店番 /018　預金種目 / 普通預金
口座番号 / 6532911　口座名 / ヒマラヤ青少年育英会

講演依頼について

吉岡大祐は日本各地の小中学校をはじめ慈善団体や教育関連団体などで国際協力や夢づくり、教育、人権などをテーマに講演活動をおこなっています。

講演ご希望の際は、お名前（学校名・団体名、ご担当者名）、イベント名、開催日時（第3希望までご指定ただくと助かります）、内容などを明記の上、下記メールにてご連絡ください。

また、ヒマラヤ青少年育英会ホームページからもお申込みいただけます。詳細についてお気軽にお問い合わせください。

お問い合わせ先

E-mail:himalayaschool@gmail.com（吉岡）
ヒマラヤ青少年育英会ホームページ https://www.ikueikai.info/
TEL:080-1327-7294

吉岡大祐

（よしおか・だいすけ）


1976年愛媛県生まれ。小学生のときにアメリカで出されたオレンジジュースに感動し、「大きくなったらアメリカ人になろう」と決意する。その後鍼灸師の免許を得て、渡米しようとするが、ネパール人の知人から「困っている人がたくさんいる」と誘われ、22歳のとき“とりあえず”ネパールに渡る。現地の大学に入学後、余暇を利用して貧しい人たちを相手に無料で治療をおこない、王族の治療なども経験。

へき地の医療キャンプに参加したとき、子どもたちが感染症で亡くなる現状を目の当たりにして衝撃を受ける。唐辛子を体にすり込んで暖をとる――そんな究極の貧困を生きる子どもたちに教育を受けさせてあげたい。お金もコネも何もない、まったくのゼロから貧困家庭の就学支援活動を始め、その後、現地での小学校建設をこころざす。さまざまな困難に直面しながらも、3年間の活動を経て、2004年「クラーク記念ヒマラヤ小学校」を開校。これまで約200人の子どもたちが同校で学び、卒業している。

現在は学校運営のかたわら、各地で講演などもおこなう。愚直に夢を追いかけ、奮闘する姿が多くの若者たちに感動を与えている。「21世紀若者賞」（社会貢献支援財団）「人間力大賞・準グランプリ」（日本青年会議所）受賞。TV『夢の扉』（TBS）『地球アゴラ』（NHK）などでも紹介。

ヒマラヤに学校をつくる

カネなしコネなしの僕と、見捨てられた子どもたちの挑戦

2018年9月13日　初版第1刷発行
2019年4月　3日　　　　第2刷発行

著者　吉岡大祐

ブックデザイン　五味朋代（フレーズ）

発行者　木内洋育

編集担当　熊谷満

発行所　株式会社旬報社
〒162-0041
東京都新宿区早稲田鶴巻町544　中川ビル4F
TEL.03-5579-8973
FAX 03-5579-8975
HP　http://www.junposha.com/
印刷・製本　中央精版印刷株式会社

ISBN978-4-8451-1554-9